글로벌 시대의 매너와 에티켓

The Manners and Etiqueete
of The Golbal Age

안대희 · 박상민
문희정 · 신혜진 공저

신화

Preface

오늘날 국제화가 가속화되면서 상이한 문화 간의 접촉이 이루어지고, 서로 다른 관습을 가진 문화권의 사람들과 만남으로써 본의 아니게 실수를 범하여 오해를 불러일으키고 때로는 상처를 주고받는 일이 생기게 된다. 어떤 경우에는 우리가 예의범절을 잘못 알고 있기 때문에 실수를 저지르기도 하고 때로는 상대를 경시하여 예의에 벗어나는 행동을 하기도 한다.

문화권에 따라 생활방식과 관습이 서로 다르기 때문에 상대에 대해 실수를 하는 수도 있지만 대개는 예절의 근본에 대한 이해의 부족으로 잘못을 저지르게 된다. 물론 낯선 상대방의 실수는 커다란 실수가 아닌 이상 이해되어지기 때문에 예절을 배우지 않아도 된다는 것은 아니다. 예절도 없고 근본태도마저 바르지 않은 실수를 한다면 그 실수는 더욱 왜곡하여 해석하게 되기 때문에 바른 예의범절을 익혀서 올바른 인간관계를 형성할 수 있도록 노력해야 한다.

비록 상대에 대한 이해가 충분하더라도 복잡한 상황 안에서 예의에 맞게 행동한다는 것이 결코 쉬운 일이 아니기 때문에 서양에서는 상황에 따른 인간관계의 원만한 해결을 위해서 대인관계의 규범을 에티켓(etiquette)으로 정해 두었고 동양에서는 예의범절을 강조하게 되었다.

동양의 예의범절과 서양 에티켓은 그 출발점과 초점에 있어서 차이가 있기 때문에, 우리의 예의범절을 에티켓으로 이해하는 데는 약간의 문제가 있다. 그러나 인간의 정서에 일치한다는 면에서 에티켓과 예의범절의 공통점을 찾을 수 있다. 예의범절이 행동에 대한 '왜'라는 질문에 관한 것이라면 에티켓은 행동에 대한 '어떻게'라는 답을 요하는 것이다.

따라서 이 두 가지가 서로 떨어지지 않고 함께 조화를 이루어 나가는 것이 가장 바람직하다고 본다. 즉 인간의 도리를 다한다는 것은 바로 사람을 대하는 태도의 근본이 되어 있다는 것이며 또한 그 근본이 되어 있다면 결국 서로가 서로에게 편안함을 주는 사리에 맞는 행동을 하게 되는 것이다. 이러한 예절의 근본자세를 알고 상황에 맞는 예절을 몸에 익히는 것은 세계 어느 곳에서나 서로 다른 문화권인 사람간의 만남에 있어서 가장 중요하다 고 볼 수 있다.

이에 본 교재는 동양의 예의범절과 서양의 매너와 에티켓을 조화롭게 다루어 현대인들이 국제화시대를 살아가면서 익혀두어야 할 기본적인 사항을 체계적으로 구성하였다.

본 교재가 대학에서 교양서적으로, 기업의 교육훈련 교재로서도 매우 유용한 도구가 될 수 있길 바라며, 이 교재의 부족한 부분은 배우는 학생과 현장 실무자들의 의견을 경청하여 차후 보충할 것임을 저자는 다짐하며, 독자들의 날카로운 비판을 겸허히 수용하고자 한다.

마지막으로 본 교재가 나올 수 있도록 처음부터 끝가지 저자들의 의견을 수용해 출간될 수 있도록 헌신해 주신 도서출판 신화전산기획 편집부의 노고에 고개 숙여 감사드린다.

저자 일동

Contents

Chapter 1 예절의 의의

section 01 예절의 기초

01. 예절의 중요성

인간의 생활 속에서 예절은 우리가 보다 사람답게 살기 위해 추구해야 하는 기본적 양심이자 삶을 대하는 바른 태도이다. 우리가 살아가는 세상에서 예의가 없이는 법과 질서 및 도덕과 믿음 모두를 하루라도 제대로 유지할 수가 없기 때문이다.

그러므로 우리들은 하루라도 예의라는 정식적 생활에서 떠날 수 없다. 아무리 고도의 물질 문명이 발달한 사회에 산다고 해도 예의 없는 생활을 생각할 수 없게 된다.

물론 예의에 벗어나는 일과 아닌 일이 법칙처럼 선을 그어 놓고 가릴 수 없는 것이 바로 일상생활의 예절이다. 그러므로 어떠한 경우에도 상대방의 입장을 잘 이해하려는 노력과 함께 행동 한다면 그렇게 큰 실례는 범하지 않을 것이다.

예절이 삶에서 얼마나 중요한 역할을 하는지 잘 인지하지 못하게 되는 이유는 다음의 세 가지 사항으로 생각해볼 수 있다.

첫째, 예절에 대한 고정관념이다. 우리들은 예부터 예절을 억압적이고 어렵게만 배워왔기 때문에 가능하면 그러한 것이 없는 자연스런 생활이 좋겠다고 생각하기 때문인 것 같다. 따라서 예절하면 무엇인가 인간을 속박하는 것으로 생각하는 선입관념이 있는 것이다.

둘째, 규제하거나 강요당하는 것은 불편하고 귀찮다는 생각 때문이다. 그러나 이것이 없으면 질서가 파괴되어 발전보다는 정체가 있을 뿐이다. 때문에 예절이나 규범은 안지키는 것보다 지키는 쪽이 편리할 뿐만 아니라 남에게도 좋은 것이다.

셋째, 흔히 누구나 조금씩은 알고 있다는 것으로 안일하게만 생각하는 점을 들 수 있다. 실천은 하지 않고 어려운 이론이나 지식으로서만 소화하려고 하기 때문이다. 현대에 가까워질수록 예절은 사회적인 배경과 사회 속에서 각 개인 역할의 변화를 통해 좀 더 간소화되었다. 현재 우리가 지키고 살아가는 예절이란 우리에게 반드시 필요한 부분만이 존재하는 셈이다. 이런 이유로 우리는 올바른 현대 생활을 영위하기 위해 꼭 필요한 예절을 몸에 익혀 실천하도록 해야 한다.

02. 예절의 의미

예절이란 더불어 잘 살아가기 위한 인간들의 약속이며, 그 밑바탕이 되는 것은 "인간에 대한 존중"이라는 근본정신이다. 이것은 시대와 장소를 가리지 않고 앞으로도 변치 않을 공통(共通)된 대원칙이다.

인간은 귀한 존재이다. 물론 인간만이 아니라 세상의 어느 것 하나 소중하지 않은 것이 없다. 모두가 우리가 살아가는 데 있어 의미를 주고 있는 것이기 때문이다. 모든 것 가운데에서도 우리 인간은 세상에 존재하는 생명체 중 어떠한 생명체도 갖지 못하는 것, 즉 양심과 이성(理性)을 지녔기 때문이다.

모든 예의범절의 근본정신은 이 존귀한 존재에 대한 깊은 믿음과 사랑이 바탕이 되어 나온 것이다. 그것은 또한 "인격존중(人格尊重)"이라는 말로도 표현할 수 있다.

서로의 인격을 존중하는 것이 바로 예절의 근본정신임은 두말 할 나위가 없다. 이렇게 본다면 예의범절이라는 것은 우리 조상들이 그렇게 여겨 왔듯이 "인격완성(人格完成)의 수단"이자 동시에 원만한 인간관계를 이루어나가기 위한 수단인 것이다.

예절이건 규칙(規則)이건 혹은 법률(法律) 이건 간에 인간존중이라는 근본정신에는 큰 차이가 없다. 단지 예절은 무엇보다도 더욱 인격의 자율성에 의지한다는 점에서 다른 것들과 구분된다.

우리는 그런 고귀(高貴)한 정신이 바탕에 있는지 깨닫지 못하고, 예절을 그저 귀찮다거나 형식적인 것으로만 여기며 쉽게 넘겨버리는 경우가 많다.

우리 모두는 혼자서 세상을 살아가는 것이 아니라 사회 속에서 더불어 살아가는 존재이기 때문에, 서로에게 예절을 지키며 살아가는 것이 훨씬 더 지혜로운 일이다. 사람은 누구나 세상에 태어나 자신의 의미 있는 삶을 위해 노력하며 다른 사람으로부터 하나의 인격체(人格體)로서의 대접을 원한다. 각 개인은 자신의 인격이 존중받기를 원한다면, 예절을 먼저 갖추어 타인을 존중하는 태도를 가질 필요가 있다.

우리가 일상생활 속에서 항상 서로에게 숨 쉬듯 자연스럽게 몸에 배어 예절을 지킴으로서 타인의 인격을 존중해 줄 수 있으며, 또한 존중 받을 수 있다.

우리나라는 옛부터 "동방예의지국(東方禮義之國)"으로 불리어 왔다. 지금부터 약 2300년 전에 공자(孔子)의 7세손(世孫)인 공빈(孔斌)이라는 이가 우리나라에 관해 쓴 『동이열전(東夷列傳)』에 다음과 같은 이야기가 있다.

> 먼 옛날부터 동쪽에 나라가 있는데 이를 동이(東夷)라고 한다.
>
> 그 나라에 단군(檀君)이라는 훌륭한 이가 태어나니 아홉개 부족 구이(九夷)가 그를 받들어 임금으로 모셨다.
>
> 일찍이 그 나라에 자부선인(紫府仙人)이라는 도에 통한 학자가 있었는데, 중국의 황제(黃帝; 중국인의 시조)가 글을 배우고 내황문(內皇文)을 받아 가지고 돌아와 염제(炎帝) 대신 임금이 되어 백성들에게 생활방법을 가르쳤다.
>
> 순(舜)이 중국에 와서 요(堯)임금의 다음 임금이 되어 백성들에게 사람 노릇하는 윤리와 도덕을 처음으로 가르쳤다.
>
> 소련(小連)과 대련(大連) 형제가 부모에게 극진히 효도하더니 부모가 돌아가시니까 3년을 슬퍼했는데 이들은 동이족의 후예였다.
>
> 그 나라는 비록 크지만 남의 나라를 업신여기지 않았고, 그 나라의 군대는 비록 강했지만 남의 나라를 침범하지 않았다.
>
> 풍속(風俗)이 부드럽고 도타워 길을 가는 이들이 서로 양보하고, 음식을 먹는 이들이 먹을 것을 미루며, 남자와 여자가 따로 거처해 섞이지 아니하니, 이 나라야말로 동쪽에 있는 예의바른 군자의 나라(東方禮義君子之國)가 아니겠는가?
>
> 이런 까닭으로 나의 할아버지 공자께서 '그 나라에 가서 살고 싶다.'고 하시면서 '누추하지 않은 곳이다'고 말씀하셨다.

우리의 선조들은 이러한 칭송을 긍지로 삼고 살아왔다.

매사에 동방예의지국의 백성답게 올바르게 살고자 했으며, 그 전통을 길이 남기려고 노력하였다. 따라서 예의범절을 가르치고 배우는 데에 무엇보다도 중점을 두었다.

예절은 우리 고유의 전통 문화의 한 부분으로써, 예절바른 생활을 긍지를 가지고 지켜나가야 할 것이다. 한국은 예부터 예절의 근본은 마음(心)으로부터 나오는 것으로 여겼다. 우리는 예절을 지키기 위해 근본적인 마음을 바탕으로 그 마음을 전달시킬 수 있는 말과 행동을 따라야 할 것이다.

서로 자신의 마음을 상대방에게 인식시키는 것을 의사소통이라 하는데, 이 의사소통 수단인 말과 행동은 미리 약속된 방식을 따라야 한다. 약속해 놓은 말은 언어의 격식, 약속해 놓은 몸놀림이 행동의 격식이다. 즉, 예절의 실제는 의사(意思)의 형태로 마음속에 있는 것이며, 예절의 격식은 그 의사를 타인에게 인식시키는 의사소통의 수단이다.

03. 예절의 기능과 본질

스스로 사람다워지려는 자기관리는 수기(修己)라 하고, 남과 어울려 함께 사는 대인관계를 치인(治人)이라 한다.

수기하는 예절은 자기의 안에 있으면서 자기 자신에게 작용[對內對自的作用]하는 기능을 가지는데 그때의 본질은 정성[誠]스러운 것이고, 치인하는 예절은 자기의 밖으로 나아가 남에게 활용[對外對他的活用]되는 기능을 가지는데 그때의 본질은 공경[敬]하고 사랑[愛]하는 것이다.

자기관리의 요령은 홀로 있을 때도 삼가는 신독(愼獨)이고, 대인관계의 요령은 남을 편안하게 하는 안인(安人)이다.

정성이란 자기를 속임이 없는[毋自欺 ; 무자기] 양심(良心)이고, 공경과 사랑이란 어른을 공경[敬長]하고 아랫사람을 사랑[愛幼]하는 인류애(人類愛)이다.

안에 있는 예절의 마음과 밖으로 나타나는 예절의 언동(言動)이 일치해야 참 예절이라 할 것이다.

04. 동양예절과 서양예절

01 | 동양예절

동양예절의 기원은 실천 도덕인 유교에 바탕을 두고 있으며 한국의 전통예절 또한 유교의 인 · 의 · 예 · 지 · 신(仁義禮智信)에 기본을 두고 인륜을 가르쳐 왔으므로 동양예절의 근본은 유교에 기원하고 있음을 알 수 있다.

(1) 인(仁) 사상

'어질다'라는 뜻이며 사랑의 실천을 의미한다. 공자는 '인(仁)'을 사람의 근본으로 삼았으며 '예(禮)'와 '인(仁)'을 같은 뜻으로 생각하여 사람에게 예가 없음은 '인(仁)'이 없음과 같으며 자기 자신을 이기는 것도 '인(仁)'이라 하였다.

(2) 경(敬) 사상

공경하는 마음을 갖고 행하는 모든 행위는 예에 어긋남이 없으나 '경(敬)'이 없는 행위와 태도는 언제나 예를 갖추지 못한다.

(3) 중용(中庸), 화(和) 사상

사회관계에 있어 '예(禮)'는 '화(和)', '중용(中庸)'을 기본 요소로 삼고 있다. 사회관계에서의 '예(禮)'는 사회 각 부분과 각 개인과의 관계를 조화롭게 하며, 조화로운 사회관계의 바탕 위에서만 구현된다 할 수 있겠다.

(4) 5덕(五德)과 5륜(五倫) 사상

5덕은 우리민족의 근원적 도덕관을 말해주는 것으로 사람이 사는데 필요한 다섯가지 윤리관인 인(仁), 의(義) 예(禮), 지(智), 신(信)을 말하며 이는 오행설에 유래하였다. 이와같은 5덕 사상은 사람이 살아가는데 지켜야 할 5륜의 규범을 만들었다.

5륜은 군신유의(君臣有義), 부자유친(父子有親), 부부유별(夫婦有別), 장유유서(長幼有序), 붕우유신(朋友有信)이다.

우리민족의 기본적 도덕 관념인 5덕과 5륜의 사상이 오늘날까지 전승되는 것은 이러한 사상이 인간의 삶에 없어서는 안될 진리이자 인간관계를 지배하는 규범인 '예'로 표현되기 때문이다.

02 서양예절

etiquette, manners, decorum, courtesy, custom......

진정한 의미의 서양적 예의 기원은 중세 기사도에 있었다. 기사도는 근본적으로 약한자를 보호하는 그리스도교 정신에 기반을 둔 것이므로 모든 서양적 예의 정신적 기원은 성경에서 찾아볼 수 있다.

예 '누구든지 자기를 높이는 사람은 낮아지고 자기를 낮추는 사람은 높아질 것이다'
'너희는 남에게서 바라는 대로 남에게 해주어라'

서양예절의 근본정신을 살펴보면 다음과 같다.

(1) 상대방에게 호감을 주라.

사람들에게 언제나 매력적으로 보이도록 노력하라는 뜻이다. (예 Thanks)라는 말을 붙이는 것은 매력적인 표현이다.

(2) 상대방에게 폐를 끼치지 말라.

"상대방을 생각해 주는 행위"이다.

(3) 상대방을 존경하라

예의범절의 기본으로서 동서양을 막론하고 예법에서도 가장 중요한 사항으로 여겨지고 있다.

(4) 여성존중사상

"Lady First"라는 개념은 서양인들이 도의로 여기는 것이며, 에티켓의 가장 중요한 요소로서 이 개념을 근간으로 하여 에티켓이 생겨났다고 해도 과언이 아니다. 여성존중이라는 사고 방식을 충분히 유의하여 외국인과의 사교 시나 혹은 외국생활시 적어도 한국인에 대한 빈축을 사지 않도록 주의해야 할 것이다.

숙녀 우선주의 관습은 원래 힘세고 강인함을 자랑하던 남성들의 여성 보호의식에서 비롯된 예의로써, 오늘날 국제사회에서 교양인의 가장 기본적인 매너가 되고 있다. 그러나 한국인들은 전통적으로 유교사상에 젖어 오랫동안 철저한 남성우위를 지키며 살아온 탓에 레이디 퍼스트란 것을 머리로는 어느 정도 이해하면서도 일상생활에는 막상 실천이 되지 않고 있다.

그러나 이제 한국남성들도 국제사회의 일원으로서 이 레이디 퍼스트를 실천해 나가야 하겠으며 여성들도 이를 자연스럽게 수용해야 하겠다.

"레이디 퍼스트" 대접을 받으면 미소를 짓고 "Thank you"(감사합니다)하고 가볍게 목례를 하면서 부담 없이 호의를 받아들이는 것이 좋다.

"레이디 퍼스트"의 대접을 받기 위해서는 여성들 역시 평소에 친절, 선의, 품위, 총명, 절도, 예의 등에 신경을 쓰고 언제나 우아하고 아름답게 행동할 수 있는 숙녀로서의 교양을 쌓아 가는데 스스로 노력해야 할 것이다.

(5) 상호주의 ; "받았으면 답례하라."

예 초대를 받았으면 이쪽에서도 초대를 하고 방문을 받았으며 이쪽에서도 답방을 한다.

section 02 현대사회에서의 예절

01. 현대사회에서의 예절

현대의 복잡한 생활과 핵가족을 중심으로 한 오늘날의 가족제도의 변화는 가정의 교육적 기능을 상대적으로 약화시켰으며 가정에서의 예절 교육도 소홀해 졌고 이에 따라 젊은 부부들도 예절의 가치를 모르고 지내는 경우가 많은 것 같다.

급변하는 세대 속에서 사람의 가치와 규범보다는 물질의 추구에 집착한 채 다른 사람을 배려하여 더불어 살기보다는 다른 사람 보다 더욱 경제적으로 잘살기 위한 것에 더 많은 관심을 가지고 있다.

시대에 잘 적응하고 국제 경쟁력 사회에서 더욱 관심을 가져야 할 부분이 '나 보다는 다른 사람을 먼저 배려하는 마음가짐과 자세'이다.

인간은 혼자 살 수 없으며 다른 사람들과 함께 살아가면서 인간관계가 성립되고 인간관계를 원만하게 유지하기 위해서 사람과 사람사이에 예절교육의 필요성이 절실함을 깨달아야 할 것이다.

인간은 누구나 행복하고 멋지며 아름답게 살기를 희망한다. 그 아름다움에 빛을 더해 주는 것이 교양이며 교양의 바탕이 되는 것이 바로 예절이다. 그러므로 예절이란 서로가 기분좋게 지낼 수 있는 마음과 자세이므로 자신있게 살기 위하여 그리고 남보다 지혜롭고 성공적인 삶을 위하여 반드시 필요한 것이다.

02. 법치사회에서의 예절

01 | 법(法)이 없이도 살 사람

"현대는 법치사회(法治社會)이기 때문에 법만 잘 지키면 되는 것이지 예절이 무슨 소용인가?"라고 말하는 사람도 있다.

그러나 우리는 착하고 좋은 사람을 '법을 잘 지키는 사람'이라 하지 않고 '법이 없이도 살 사람'이라 말한다. 이것은 법보다 더 중요한 것이 있다는 말이다.

법을 어기면 벌을 받는다. 그래서 법은 강제성을 띠는 타율기능(他律機能)을 가졌다고 하는데, 사람은 타율을 싫어하고 자율(自律)을 좋아한다. 그러면서도 자율하지 못해 타율을 받는다.

자율하지 못하는 것은 부끄러워하는 염치심(廉恥心)이 없어서이고, 염치심이 없는 것은 스스로를 꾸짖는 자책지심(自責之心)이 없어서이고, 자책하지 못하는 까닭은 자기가 하는 일에 대해 잘 잘못을 가리는 시비판단(是非判斷)을 하지 못해서이고, 시비를 가리지 못하는 것은 예절을 몰라서이다. 예절은 우리가 약속해 놓은 잘잘못의 기준이기 때문이다.

그러므로 법은 예절을 실천하지 못하는 사람을 강제로 바르게 하려는 최후의 수단이며, 최소한의 도덕율(道德律)이다. 때문에 예절을 실천하는 사람에게는 법이 필요없는 것이다.

법이 없이도 살 사람은 예절을 실천하는 사람이다. 즉 부끄러움을 아는 사람은 법이 없이도 살지만 부끄러워할 줄 모르는 사람은 가혹(苛酷)한 법으로도 다스려지지 않는 것이다.

02 | 예절은 어떻게 만들어지나?

예절은 누가 특별히 만드는 것이 아니다. 아무도 예절을 만들지 않았지만 우리의 생활 속에 예절이 있다.

산을 넘어가는 길은 아무도 만들지 않았지만 산길이 있는 것과 같은 것이다. 누구든지 산을 넘어가려면 제일 빠르고 제일 가깝고 편하게 가려하고, 그러한 길은 수많은 사람들이 밟고 지나가서 그것이 저절로 길이 된 것이다.

예절도 그렇다. 같은 여건하(與件下)의 생활권에서 오랜 관습을 통해 가장 합리적(合理的)이고 가장 편리하기 때문에 누구든지 다 그렇게 하지 않을 수 없는 생활방식이 된 것이다.

그래서 예절을 '버릇'이라 말하기도 한다. 따라서 예절을 실천하지 않는 것은 합리적이고 편리한 생활방식을 버리고 이치에 맞지 않고 불편하게 사는 것과 같다.

03. 예절의 종류와 실천방법

01 | 예절과 에티켓

예(禮)란 자기의 어진 본 마음을 솟아나게 하는 것이다.

본 마음을 찾으면 서로 사양하는 마음이 솟아나고, 사양하는 마음이 솟아나면 표정이 밝아지고, 표정이 밝아지면 오가는 말이 순해지고, 말이 순하면 행동거지가 신중해진다.

예절의 근본정신은 상대방의 인격을 존중하는 마음이며, 윗사람을 공경하고 아랫사람을 사랑하는 경애(敬愛)의 정신이다.

존중하고 경애하는 마음을 바탕으로 상대방의 입장에서 생각하는 역지사지(易地思之)할 줄도 알고, 어렵고 힘든 일을 서로 돕는 상부상조(相扶相助)의 아름다운 생활을 하게 된다.

존경과 경애의 정신을 소홀히 하면 어례에 빠지거나 위선적 행동을 하게 되며, 예의와 범절이라는 형식을 소홀히 하면 자기의 잘못된 생각이 아무 제약 없이 무례한 행동으로 이어지게 된다. 하여 예(禮)란 타인을 배려하는 자신의 진실된 마음이자, 타인의 인격을 존중하는 말과 행동의 표현 방식이라고 할 수 있다. 예절은 반드시 지켜져야 하는 사회적인 규범과는 달리 강제적인 성격을 갖고 있지 않으며, 타인을 향한 자신 스스로의 행동 양식이다.

이것을 동양에서는 '예(禮)'라 하며, 서양에서는 '에티켓(etiquette)' 또는 '매너(manner)'라고 한다. 에티켓과 매너는 동양의 예(禮)와 마찬가지로 '타인을 향한 배려' 라는 측면에서는 유사하지만 각 차이점을 가지고 있다.

에티켓은 타인을 향한 배려를 위해 만들어 둔 일종의 약속과 같으며, 각 나라의 문화를 바탕으로 생겨나 각 나라별 상이한 차이점을 갖기도 한다. 한국에서는 예절의 형태로 연세가 가장 많은 어른부터 먼서 식사를 시작한 후에야 식사를 할 수 있지만, 서양에서는 중세의 기사도 정신을 바탕으로 생겨난 '레이디 퍼스트(lady first)'의 사상에 따라 여성에게 우선적으로 식사가 제공되기도 하는 것이 그 예이다.

매너란 타인을 배려하는 행동 양식으로 에티켓의 규범적인 성격과는 차이점이 있어 '좋다'와 '나쁘다'로 평가 된다. 이러한 매너는 배려를 갖춘 행동 양식이 습관이 된 것을 말하고, 일종의 방법이라고 볼 수 있다. 또한 에티켓과는 달리 문화권 별로 차이를 보이지 않는다.

에티켓은 지켜지지 않은 경우 예의가 없다고 평가되어 타인에게 좋지 않은 인상으로 남게 되지만, 매너는 잘 지켜질 경우 자신에게 긍정적인 인상을 남길 수 있는 성격의 것이다.

서양 사람들은 공중도덕에 대한 질서의식을 어릴 때부터 교육시키며, 타인에게 호감을 주도록 노력한다. 또한 동양 사람들도 타인을 배려하고 존중하기 위해 '예(禮)'를 교육시켜 왔다. 현대는 세계화 시대이므로, 우리는 우리의 고유 전통에서 비롯된 예(禮)와 함께 서양 예절(매너와 에티켓) 또한 익혀 세계화 시대에 잘 어울릴 수 있어야하겠다.

02 | 예절의 종류

예절의 종류는 그 분류의 기준을 어디에 두느냐에 따라 수 없이 나눌 수 있다.

(1) 기초적인 분류(分類)

① 혼자하는 예절 : 스스로 사람다워 지려는 자기관리를 하는 개인 예이다.
② 남에게 하는 예절 : 남과 어울려 함께 사는 대인관계를 영위하는 의사소통예절이다.
③ 함께 하는 예절 : 모두가 함께 실천하는 예절로 조직생활 단체생활 공중도덕과 같은 예절이다.

(2) 행해지는 범위에 의한 분류

① 기본예절 : 모든 분야에 통용되는 공통예절이다.
② 생활예절 : 생활환경에 따라 개인예절, 가정예절, 학교예절, 직장예절, 사회예절, 국민예철, 국제의전 등이 있다.
③ 가정의례 : 가정에서 행하는 의식절차로서 작명례(作名禮), 성년례(成年禮), 혼인례(婚姻禮), 상장례(喪葬禮), 제의례(祭儀禮), 수연례(壽遷禮)가 그 대표적인 것이다.

03 | 예절의 실천 요령

(1) 예절을 배우는 요령

예절은 저절로 배워지는 것이 아니고 끊임없는 노력을 기울여야 한다.

① 마음가짐 : 항상 사람이 되고 사람 노릇을 해서 사람대접을 받으며 사람과 더불어 함께 살아야 하겠다는 마음을 갖고 생활한다.

② 본 받는다 : 남이 하는 것을 보고 그것이 아름답고 좋은 일이면 자기도 그렇게 본받아야 한다.

③ 경계한다 : 남이 하는 일이 미워보이거나 나쁘다고 생각되면 경계해서 자기는 그렇게 하치 않는다.

④ 잘 듣는다 : 어른 선생님 선배의 말씀에 귀를 기울여 그들의 경륜을 자기의 것으로 한다.

⑤ 친구를 고른다 : 남에게 칭찬받고 착한 일을 하는 사람을 친구로 사귄다.

⑥ 예절 책을 읽는다 : 예절에 대한 책을 항상 옆에 두고 읽으며 참고한다.

⑦ 지도를 받는다 : 예절을 가르치는 곳에 가서 모르는 것을 물어 열심히 배운다.

⑵ 예절을 실천하는 요령

예절은 아는 것도 좋지만 실천하는 것이 더 중요하다. 예절을 몰라서 못하면 용서받을 수 있지만 알면서 하지 않으면 모르는 것만 못하다.

① 자기관리 : 개성(個性)을 돋보이려고 하지 말고 남과 잘 어울리도록 한다. 여름철 의 메뚜기가 파란 옷을 입고 가을철의 메뚜기가 노란 옷을 입는 것은 환경과 조화하 므로서 자기보호를 하는 것이다.

② 대인관계 : 자기의 방식을 고집하지 말고 모두가 약속해 놓은 방식으로 한다. 언제든지 상대편을 높이고 자기를 낮추는 공손함이 앞서야 한다.

③ 공중생활 : 사생활(私生活)을 주장하지 말고 항상 남을 의식해야 한다. 사생활이란 행위의과정은 말할 나위도 없고 행위의 후유(後遺) 상태까지도 남에게 일체의 영향 을 끼치지 않는 것이다. 엄격한 의미에서 사생활은 없다.

④ 가까운 데서 먼 데로 : 자기가 원하는 대로 남에게 해야 한다. 부모에게 효도하듯이 다른 어른을 공경하고, 동기간에 우애하듯이 남과 어울리며, 처자를 사랑하는 마음으로 아랫사람을 아낀다.

Chapter 2

복장 예절

section 01 복장의 의의

01. 옷차림의 중요성

사람의 복장은 그 사람의 첫인상을 좌우하며, 상대방을 향한 자신의 의사 표시의 하나이다. 우리는 사람의 옷차림과 몸치장을 통해 그 사람의 직장, 생활, 환경, 성격, 취미, 교양 등을 알 수가 있기 때문에, 복장은 단순히 일상생활 혹은 직장에서 멋을 부린다는 의미를 넘어 품위를 갖춘다는 의미를 갖는다.

복장은 때와 장소 그리고 상황에 맞게 갖추어 입지 않으면 타인의 눈총을 사는 경우가 생기기도 하며, 이것은 타인에게 실례를 범하는 상황이 되기도 한다. 또한 복장을 잘 갖추어 입지 않으면 자신의 이미지가 타인에게 좋지 않게 비춰질 수 있으며, 나아가 자신이 속한 단체에 대한 이미지 또한 실추될 수가 있다.

자신을 잘 포장할 수 있는 사람은 자신이 속한 상황과 시간 그리고 장소에 따라 어울리는 차림을 할 수 있는 사람이다. 따라서 우리는 상황, 시간 그리고 장소에 따라 잘 어울리는 복장 예절을 익혀 알맞게 몸소 실천할 필요가 있다.

section 02 복장의 종류

01. 직장에서의 복장

01 | 남자사원의 복장

(1) 얼굴

① 매일 깨끗하게 면도한다.
② 지저분한 귀, 입냄새 등은 좋은 인상을 손상시키며, 머리카락이 이마, 귀, 와이셔츠 깃을 덮지 않도록 한다.
③ 뒷머리는 와이셔츠 깃을 덮지 않도록 하고, 자주 빗질을 하여 단정한 모양을 유지한다.
④ 코털이 자라나 밖으로 보이지 않도록 유의한다.

(2) 양복(정장)

① 직장인이 지나치게 유행에 집착하는 것은 좋지 않는다.
② 회사의 사풍을 손상시키지 않는 범위에서 기능적이고 품위있는 정장을 입는다. 검정색이나 감색을 기본으로 하여 자신의 체형과 피부색에 어울리는 것을 선택해 입고, 화려한 원색은 피하며, 재질이 유난스러운 것이라든가 너무 눈에 띄는 디자인도 삼가도록 한다.
③ 바지는 줄이 잘 서 있고 길이는 서 있을 때 단이 구두 등에 가볍게 닿는 정도가 좋으며, 소매 길이는 손등 위로 알맞게 얹힐 정도로 한다.

(3) 와이셔츠

① 비즈니스 정장에는 흰색이 기본이다. 그러나 최근 다양한 디자인과 색상의 와이셔츠

가 많아져서 지나치게 눈에 띄지 않고 자켓과 바지, 구두 등과 조화를 이루는 색깔의 와이셔츠가 무난하다.

② 와이셔츠의 사이즈는 목 둘레와 소매 길이로 측정하는데, 목 부분과 손목 부분이 1~1.5cm 정도 보이도록 하여 재는 것이 올바른 방법이고, 상의 뒤쪽 깃으로부터 1cm 정도 나오게 합니다. 단정하게 보일 뿐만 아니라 상의의 깃을 더럽히지 않기 위함이다.

(4) 넥타이

① 넥타이를 맨 길이는 벨트의 버클을 약간 덮을 정도가 적당하고, 이보다 짧으면 여유가 없어 보이고, 길면 느슨한 느낌을 주며, 넥타이의 길이가 적당한지를 살필 때는 내려다보지 말고 거울에 비춰 보는 것이 정확하다.

② 넥타이의 폭은 상의의 깃과 폭이 같은 것으로 선택하는 것이 좋고, 깃이 넓은 넥타이는 매듭 밑에 움푹한 주름을 만들어 주어 액센트를 주는 것이 맵시 있다.

③ 넥타이의 색깔은 양복과 동일 색이 무난하며, 보색 계통으로 조화를 이룬다면 화려한 매치가 된다.

④ 조끼를 입을 때는 넥타이가 조끼 밑으로 나와서는 안된다.

(5) 구두

① 구두는 이내 더러움을 타므로 각별히 신경을 써야 한다.

② 남자의 깔끔함은 구두로 나타난다는 말도 있으므로 늘 광택이 잘 나도록 닦아 신도록 하고, 출근하고 나서 슬리퍼로 바꾸어 신기도 하는데, 경우에 따라서는 자칫 눈에 거슬려 보이기 쉬우니 잠시라도 회사 밖으로 나갈 때는 반드시 구두로 갈아 신도록 한다.

③ 구두는 발에 부담을 주지 않는 것을 우선적으로 선택한다.

④ 구두의 색깔은 양복 색깔과 맞추는 것이 좋으며. 검정색이나 짙은 갈색이 일반적이다.

⑤ 직장에서 캐주얼화는 가능하면 피한다.

(6) 양말

① 양말은 색상에 특히 신경을 써야 한다. 흔히 바짓단에 가려 보이지 않겠거니 해서 소

흔히 여기는 경우가 많은데, 바지나 구두의 색상과 같은 계통의 양말을 신는 것이 좋으며 검정색이 가장 무난하다.

② 정장에 흰색 양말은 절대 금물이다.

③ 목이 짧은 양말은 품위를 떨어뜨리게 되며, 앉은 자세에서 다릿살이 드러나서는 안된다.

(7) 벨트

양복과 어울리지 않는 색상의 벨트는 피하며, 지나치게 폭이 넓거나 버클 모양이 요란한 것은 피한다.

(8) 액세서리

너무 크거나 화려한 액세서리는 사치스럽고 경망스러워 보일 수 있기에 피하는 것이 좋다.

02 | 여자사원의 복장

(1) 유니폼과 양장

① 유니폼은 항상 청결히 하며 단정하게 입는다.

② 유니폼이라고 해서 무관심하게 입지 말고 바느질이 터진 곳은 없는지 혹은 심하게 구겨지지는 않았는지 살펴보아야 하고. 또한, 명찰이 제 자리에 제대로 붙어 있는지 수시로 확인하도록 한다.

③ 옷을 잘 입는 여성은 색상의 조화를 통해 자신의 개성을 표현하기도 하나 직장 여성의 복장은 지나치게 화려한 색상은 피하는 것이 좋다.

④ 너무 짧은 치마나 꼭 끼는 바지, 소매없는 옷, 반바지 등의 착용을 자제한다.

⑤ 블라우스의 경우도 속이 들여다 보이지 않게 하고, 속옷이 밖으로 나오지 않게 한다.

(2) 스타킹

피부색에 가까운 것으로 하고, 원색이나 무늬가 있는 것은 피한다. 올이 빠지거나 늘어지는 것에 주의한다.

(3) 구두

① 구두는 여성의 또 다른 얼굴이다.
② 자신의 걸음걸이를 균형 있게 유지해 주는 것으로 선택하고 출근 후 사무실에서 슬리퍼나 샌들로 바꿔 신는 것은 자칫 남의 눈에 단정치 못하게 보이기 쉬우므로 불가피하게 구두를 바꿔 신어야 할 경우 낮고 편한 정장용 구두를 선택한다.
③ 직장 혹은 유니폼에 어울리는 구두를 선택할 경우 굽은 지나치게 높지 않은 것으로 선택한다. 간혹 직장에서 정해진 구두가 있는 경우를 제외하고 보통은 5cm를 넘지 않게 한다.
④ 구두의 색상은 보통 검정색 혹은 갈색이 무난하며, 눈에 띄는 무늬 혹은 장식이 있는 것은 피한다.

(4) 머리 및 화장

① 머리는 너무 요란하거나 지나친 염색은 피하고, 근무 중에는 되도록 단정히 한다.
② 자주 세발하여 청결을 유지하고 요란한 장식은 피한다.
③ 화장을 너무 진하게 하거나 향취가 진한 것은 적당하지 않는다.
④ 얼굴을 건강하게 보이도록 표현하며 자연미를 살린다.

(5) 액세서리

액세서리는 간단하면서도 옷차림을 돋보이게 하는 정도로 착용하는 것이 좋다. 지나치게 많은 액세서리를 하는 것은 보기에 좋지 않고, 특히 유니폼을 착용하는 경우 가급적 액세서리는 하지 않는 것이 좋다.

표 2-1. 직장인으로 적합한 용모 복장을 하고 있는지 셀프 체크리스트

항목	내 용	Yes	No
복장	다림질이 잘 되어졌고 깨끗한 상태입니까?		
	옷단이 터지지 않았습니까?		
	어깨에 비듬이 떨어져 있지는 않습니까?		
	속이 너무 비치는 스타일의 옷은 아닙니까?		
	스커트 길이가 너무 짧거나 바지나 치마가 너무 조이진 않습니까?		
두발	일을 하는데 지장을 주지 않는 스타일입니까?		
	헤어스타일이 직장인으로서 적당합니까?		
	냄새가 나거나 비듬이 보이진 않습니까?		
	장식이 너무 요란하지는 않습니까?		
화장	화장 상태가 깨끗하고 정결합니까?		
	립스틱 색상은 직장인으로 적당합니까?		
	화장을 전혀 안하고 출근하지는 않나요?		
손	매니큐어가 벗겨진 상태는 아닙니까?		
	매니큐어 색깔이 너무 진하지는 않습니까?		
스타킹	색상은 적당합니까?		
	늘어나거나 올이 나가진 않았습니까?		
	여분의 스타킹은 준비해 두었습니까?		
	색상이나 모양이 너무 요란하거나 화려하진 않습니까?		
구두	깨끗이 닦여져 있습니까?		
	굽이 너무 닳거나 모양이 망가지진 않았습니까?		
	색상이나 형태가 직장인에게 적당합니까?		
	질질 끌고 다니거나, 지나치게 소리를 내며 걷지는 않습니까?		
액세서리	너무 많이 치장하지 않았습니까?		
	지나치게 크거나 요란하지는 않습니까?		

02. 한복 예절

01 | 한복 입는 법

고금(古今)을 통해 보더라도 의식주(衣食住)라 하여 옷(衣)을 먼저 말했다.

현대는 국제화 추세이므로 서양에서 발달한 양복과 양장이 가장 편리한 복장으로 현실화되어 가고 있는 실정이다.

그러면서도 각 민족은 전통적인 민족의상의 보존에 힘쓰며, 어느 의미에서는 고유 예복으로 자리를 굳혀 가는 양상을 띠고 있다.

우리나라도 한복(韓服)이라는 민족의상이 평상복의 자리를 떠나 명절이나 가정의례 등에 입는 예복 범주로 고착화되는 현상을 부정할 수 없다.

옷을 잘 입는다는 것은 유행에 따르고 고급 상표의 제품을 입는 것이 아니고, 때와 장소에 어울리게 단정하게 입는다는 것을 의미한다. 세련된 복장이란 자기 스타일의 옷을 맵시 있게 입는 것이고, 낡은 의복이라도 자기에게 어울리고 깨끗하면서도 단정하게 입는다면 모든 사람으로 하여금 좋은 인상을 갖게 해 줄 것이다.

02 | 남자한복의 종류와 입는 법

(1) 종류

① 갓 : 출입용 모자이고, 두 가닥의 갓끈을 턱밑에 맨다.

② 망건 : 상투를 튼 머리가 흐트러지지 않도록 싸매는 역할을 한다.

③ 탕건 : 상투를 깎은 맨 머리에 갓을 쓰려면 흘러내리지 않도록 갓 밑에 쓴다. 망건을 맨 경우는 탕건이 필요 없다.

④ 정자관 : 가정에서 갓 대신 쓰는 모자의 일종으로 망건 위에 쓴다.

⑤ 도포 : 겉옷이다. 예복으로서 소매가 넓고 양 옆을 틔웠으며, 고름을 맨 위에 띠를 두른다.

⑥ 토시 : 손목과 팔에 끼우는 방한 용구이다. 통이 좁은 소매 토막과 같다.

⑦ 행전 : 무릎 아래에서 발목 위에 꿰어서 끈을 맨다. 활동성을 높이는 장구이며 현대는 예복으로만 사용된다.

⑧ 신 : 재질에 따라 짚신, 미투리, 나막신, 진신, 가죽신 등이 있으며, 목이 긴 목화도 있다.

⑨ 두루마기 : 평상시의 겉옷이다. 가정 내에서도 두루마기를 벗지 않았다. 현대에도 한복을 입고 출입하거나 의례를 행할 때는 두루마기를 입어야 한다.

⑩ 마고자 : 덧저고리이다. 가정에서 두루마기 대신으로 입는 경향이 있다. 그러나 마고자는 예복이랄 수는 없고 방한복의 일종이다.

⑪ 조끼 : 주머니의 필요성으로 저고리 위에 입는다.

⑫ 바지 : 아래옷이다.

⑬ 버선 : 발에 신는다. 현대는 양말로 대신한다.

⑭ 대님 : 바지 가랑이를 발목 쪽에서 여며 묶는 끈이다. 대개 바지와 같은 색으로 한다.

⑮ 허리띠 : 대개 바지와 같은 색의 끈으로서 바지를 흘러내리지 않게 허리에 맨다.

⑯ 저고리 : 웃옷이다.

⑰ 속바지 : 바지의 속에 받쳐입는다. 내복을 입는 현대는 입지 않는다.

⑱ 속저고리 : 저고리의 속에 받쳐입는다. 내복을 입는 현대는 입지 않는다.

⑲ 적삼 · 고의 : 여름에 입는 저고리와 바지이다.

⑳ 등거리 : 저고리에서 동정과 옷고름이 없이 단추로 여며 입는 여름옷이다.

⑵ 입는 법

겨울철에는 솜옷, 봄과 가을에는 겹옷, 여름에는 홑옷을 입는다. 평상복으로는 집에서 바지, 저고리, 조끼, 마고자를 입고, 여름철에는 고의 적삼에 홑조끼를 입고 발에는 버선이나 양말을 신고 대님을 맨다.

외출을 할 때는 반드시 두루마기를 입고 의례를 행할 때는 가급적이면 도포를 입고 유건을 쓴다. 바지저고리만 입고 외출 방문을 하거나 의례를 행하는 것은 실례이다.

① 바지는 허리에 남는 부분을 앞에서부터 오른쪽에서 왼쪽으로 가도록 입는다.

② 허리띠로 고를 만들어 맨다.

③ 저고리를 입고 버선을 신은 후 대님을 친다. 대님을 치는 순서는

- ▸ 마루폭의 솔기를 발목 안쪽 복사뼈에 댄다.
- ▸ 발목을 싼 끝이 복사뼈에 닿도록 한다
- ▸ 대님을 대고 두 번 돌린다.
- ▸ 안쪽 복사뼈에서 한 번 묶는다.
- ▸ 나머지로 고를 만들어 맨다.
- ▸ 바지 끝을 내려 정리한다.

④ 조끼를 입는다.

⑤ 마고자를 입는다.

⑥ 두루마기를 입고 목도리를 맨다. 실내에서는 목도리를 풀어야 예의에 맞다.

⑦ 나들이를 하거나 남의 집을 방문할 때는 반드시 두루마기를 입어야 한다. 마고자 차림으로 다니는 것은 결례이다. 남자에게 두루마기는 예복이다.

03 | 여자 한복의 종류와 입는 법

(1) 종류

① 조바위 : 머리에 쓰는 모자의 일종으로 천으로 만든다.

② 남바위 : 겨울에 머리에 쓰는 방한모이다.

③ 장옷 · 쓰개치마 : 외출할 때 머리에서부터 눌러서 늘어뜨린다. 얼굴만 내놓는다.

④ 두루마기 : 방한복이다. 실내나 의례행사에는 입지 않는다.

⑤ 마고자 · 배자 : 저고리 위에 입는 덧저고리로서 방한복이다.

⑥ 저고리 · 속저고리 · 적삼 : 웃옷이다.

⑦ 치마 · 속치마 : 아래옷이다.

⑧ 버선 · 속버선 : 발에 신는다.

⑨ 넓은 바지 · 바지 · 고쟁이 · 속속곳 · 단속곳 : 아래에 입는 옷이다.

(2) 입는 법

평상복으로 치마 저고리를 입는데, 웃옷은 계절에 따라 솜저고리 · 박이저고리 · 깨끼저고리 · 적삼 등을 입으며, 치마는 스란치마 · 풀치마 · 통치마 등을 입는데, 스란치마는 치마 단에 스란을 단 것으로 명절 때나 예복으로 입는다.

방한복으로는 마고자 · 배자 · 두루마기를 입는데, 두루마기는 실내나 의례 행사에는 입지 않는다.

머리에는 조바위를 쓰고 방한모로는 남바위를 쓰는데, 지금은 착용하지 않는다.

장옷(쓰개치마)은 남녀의 내외가 엄격할 때 둘러쓰던 것으로 지금은 쓰지 않는다.

① 기초적인 속옷과 속치마를 입는다.

② 치마를 입는다.

③ 속적삼을 입는다.

④ 버선을 신는다.

⑤ 저고리를 입고 동정니를 맞춰 고름을 맨다. 고름을 매는 방법은

- 오른쪽 고름을 왼손으로, 왼쪽 고름을 오른손으로 잡은 뒤에 왼손을 위로 가게 한다.
- 왼손으로 잡고 있는 고름을 다른 쪽 고름 밑으로 집어넣는다.
- 위로 잡아 뺀다.
- 위로 나와 있는 고름의 안쪽에 왼손을 댄다.
- 한바퀴를 돌려 동그랗게 구멍을 만든다.
- 밑으로 늘어진 다른 쪽 고름을 오른손으로 집어들고 다른 쪽 고름의 동그라미 속으로 밀어 넣어 왼손으로 쥔다.
- 왼손으로 쥔 고름을 잡아당겨 적당한 크기의 고름을 만든 후에 고름의 모양을 바로 잡는다.
- 고름 맨 끝을 정리한 후 끝자락 둘을 가지런히 밑으로 늘어뜨린다.

⑥ 긴동선 구김을 정리하고 옷매무새를 고친다.

03. 기타 액세서리

01 | 모자매너

모자는 추위를 막아줌, 옷차림에 개성 부여하지만, 남자가 모자를 벗어야할 경우는 영화관, 식당, 카페 등 실내에서, 길에서 부인을 만났을 경우에는 모자를 벗는 것이 매너이고, 여자의 경우는 영화관이나 극장과 같은 곳, 교회안, 손님을 초대한 경우, 만찬장에서는 모자를 벗는 것이 매너이다. 다음은 공통적으로 모자를 벗는 것이 매너에 해당된다.

(1) 길에서 아는 사람을 만났을 때

(2) 길에서 여성과 서서 이야기를 나눌

(3) 실외에서 소개를 받았을 때

(4) 작별 인사를 할 때

(5) 길을 가다가 인사를 받았을 때(가볍게 들어 올림)

(6) 선배나 성직자를 만났을 때

(7) 여성을 동반한 친구를 만났을 때(가볍게 들어 올림)

(8) 동행한 사람이 여성과 인사할 때

(9) 아파트나 호텔의 엘리베이터에서 여성과 동승하게 되었을 때(백화점이나 사무실의 엘리베이터 예외)

(10) 교실이나 강의실에서 수업중일 때

02 | 장갑 매너

예전엔 신사 숙녀의 필수품이었지만 현재는 기능적인 측면에서 사용한다.

장갑을 벗어야 할 경우 남자는 악수할 때는 장갑을 벗어야 하며, 여자는 살롱이나 칵테일 파티, 식탁에서는 장갑을 벗는 것이 매너이다.

03 | 핸드백 매너

핸드백은 주간에는 기능적인 역할을 하고, 야간에는 의상의 일부가 된다.

핸드백을 제대로 유지하고 항상 깔끔하게 정돈해야 한다. 여성은 항상 핸드백을 자신의 곁에 간직하며, 레스토랑에서는 등 뒤에 놓아두는 것이 좋다.

남성은 친지들의 집을 방문할 경우 놓고 들어가는 것이 매너이다.

04 | 구두 매너

굽이 높은 구두는 발 형태의 불균형을 초래하고, 잘 손질된 구두는 상대방의 호감을 얻을 수 있다.

검은색이나 갈색 계통이 무난하다. 검정구두는 검은색, 감색, 회색양복에 잘 어울리고, 갈색구두는 갈색, 베이지색, 회색양복에 어울린다.

05 | 우산 매너

영국신사의 필수품인 우산은 현잰 비오는 날에만 가지고 다닌다.

(1) 타인의 보행에 방해가 되거나 위협이 되지 않도록 보행 시 주의한다.

(2) 우산을 살짝 들어 올려 부딪치지 않도록 한다.

(3) 우산을 쓰고 걸을 때 때때로 뒤를 돌아보아야 한다.

(4) 동행자에게 물방울이 떨어지지 않도록 주의해야 한다.

06 | 보석 매너

(1) 보석의 선택이나 패용에 엄격한 규칙이 존재하지 않으며, 어떤 기호나 취향 가능

(2) 시간과 장소, 그리고 상황에 적합한 것 착용

(3) 지나치게 드러나지 않게 착용

(4) 수영, 승마, 조깅할 때 값진 보석 착용 금지

(5) 약혼반지와 결혼반지는 언제 어디서나 껴도 무방

07 | 향수 매너

(1) 채취를 없애고 매력적 향기를 풍긴다.

(2) 지나치게 많은 양을 사용해서는 안된다.

(3) 이것저것 섞어서 사용하지 말아야 한다.

(4) 부위는 겨드랑이, 귀의 뒷부분, 손목의 맥박부분이 적절하다.

Chapter 3 인사 예절

section 01 인사의 의의

01. 인사의 유래

인사는 오랜 옛날부터 원수가 아니라는 신호, 무장해제의 신호, 상대를 해치지 않겠다는 신호에서 유래되었다고 한다. 오늘날에 와서는 섬김의 자세, 환영의 표시, 신용의 상징으로 되어 있다. 그러므로 인사는 예절의 시작이고 마지막이 되며 사회생활에서 가장 중요한 요소라고 할 수 있다. 모르는 사이라도 먼저 인사하면 친해지게 되고 아는 사이라 할지라도 계속 인사를 나누면 더욱 가깝게 지낼 수 있으므로 반드시 인사는 습관적으로 실천해야 할 것이다.

02. 인사의 의의

인사는 모든 예절의 기본이다. 인사는 상대방의 인격을 존중하는 경의 표시이고, 정성의 마음으로 친절과 협조의 표시이다. 인사의 사전적 의미는 '상대의 안부를 묻거나 공경, 친애, 우정의 뜻을 표시하는 예의' 로서, 상대의 응답보다는 자신이 스스로 행하는데 의의가 있다. 인사는 즐겁고 명랑한 사회생활을 하고 원만한 대인관계를 유지하기 위해 모든 사람이 기본적으로 갖추어야 할 필수적인 요소라고 할 수 있다.

인사는 평생을 남과 더불어 사회생활을 해 가는데 기본적으로 갖추어야 할 가장 중요한 것으로 습관화가 이루어지기 위해서는 인사예절교육이 절실히 요구된다. 인사예절교육이 중요한 이유는 다음과 같다.

첫째, 인사는 상대방을 인정하고 존경하며, 친밀감을 나타낼 수 있는 사람들 간의 기본적인 예의이다.

둘째, 인사는 사람을 처음 만나면 서로의 관계를 형성하는 중요한 도구가 된다. 인사를 통해서 내가 누구라는 것을 상대방에게 알리고 상대가 누구인지 알게 된다. 인사는 우리의 생활에서 없어서는 안되며, 제대로 익혀 실천해야 하는 것이 인사이다.

셋째, 기본적 예절과 규범을 습관화하여 도덕적으로 건전한 사회생활을 하는 것은 물론이고, 사회화 과정에서 사회적 통합을 이루는 핵심적인 역할을 한다.

넷째, 인사예절교육은 사회의 변화가 급속해지고 세계 여러 나라의 사람과 문물을 접하게 되는 현재와 미래의 세계에서 꼭 필요한 덕목이다.

이러한 인사예절교육의 중요성에 비추어 학교에서는 체계적으로 지도할 내용을 선정하여 교육과정을 통해서 지도하고 다양한 실천 기회를 제공하여 습관화 시켜서 평생을 남과 더불어 살아 갈 때 필요한 기초적인 자질을 길러 주어야 한다.

03. 인사방식의 분류

01 | 수평적 방식

(1) 악수, 포옹, 볼키스, 윙크, 제스처 등과 같은 형태이다.

(2) 유목, 수렵 생활을 해 온 서양에서 발전된 인사이다.

(3) 결속의 의미를 더 많이 내포하고 있다.

02 | 수직적 방식

(1) 신체의 일부분을 굽혀 몸을 낮추는 절과 같은 형태이다.

(2) 예를 중시하고 연공서열을 중시하는 문화의 영향이다.

(3) 상하 관계를 설정해 주는 의미이다.

section 02 인사방법

01. 인사의 상식

(1) 인사는 먼저 할수록 좋다.

(2) 인사라는 말에는 적극적이라는 뜻이 포함되어 있다.

(3) 감사하는 마음을 어떻게 상대에게 나타낼 수 있을까?

(4) 인사 하나로 회사의 사활이 결정될 수 있다.

(5) 차별을 둔 인사는 많은 고객을 잃는다.

(6) 인사의 기본은 "안녕하세요"이다.

(7) 웃는 얼굴을 잊지 말아야 한다.

(8) 인사말은 생략해서는 안된다.

(9) 지나치게 정중하면 헛 인사가 된다.

(10) T.P.O(Time, Place, Occasion)에 따른 인사를 해야 한다.

(11) 흉내를 내는 것이 인사를 잘하게 되는 지름길이다.

(12) 대답은 어떤 경우에도 "네!" 한번이다.

(13) 인사에도 한계를 짓는 것이 좋다.

(14) 기계적이 아닌, 마음이 담겨져 있는 인사를 해야 한다.

(15) 인사의 가치는 상대를 안심시켰는가에 있다.

01 | 인사의 요령

(1) 곧은 자세를 취한다.

(2) 상대의 눈을 본다.

(3) 정중하게 머리를 숙인다. 등을 펴고 허리에서 직선으로 숙여야 한다.

(4) 손은 양옆에 붙인 채 자연스레 몸을 따라 내린다.

(5) 수그린 마지막 시점에서 잠깐 멈추고 시선은 상대방의 발끝에 둔다.

(6) 숙일 때 보다 조금 느린 속도로 몸을 일으킨다.

(7) 다시 상대의 눈을 본다.

02 | 인사의 시기

(1) 일반적으로 30보 이내에서 인사한다.(인사 대상과 방향이 다를 때)

(2) 가장 좋은 시기는 6보 정도 앞에서 인사한다.(인사 대상과 방향이 마주 칠 때)

(3) 측방이나 갑자기 만났을 때에는 즉시 인사한다.

(4) 상대가 너무 멀리 떨어져 있을 때에는 서로 인지할 수 있는 정도의 거리에 와서 인사를 건넨다.

03 | 인사하는 방법

(1) 호칭하며 인사하기

항상 관심을 갖고 직책과 성함을 알아두어 되도록 직책과 성함을 함께 부르도록 한다.
예 "ㅇㅇㅇ사장님" "ㅇㅇㅇ선생님" 안녕하십니까?

(2) 미소 지으며 인사하기

마음속으로 항상 웃으며 미소짓는 습관을 갖는다.

(3) 정중하게 인사하기

존경하는 마음으로 고개를 숙이고 인사한 후 1초 정도 쉰 다음 고개를 든다.

04 | 인사의 종류와 대상

(1) 인사의 대상 및 상황

① 정중한 인사(최경례, 정중례, 큰경례) : VIP 혹은 집안어른에게 인사드릴 경우, 감사와 사죄의 표현, 관혼상제, 공식석상 등에서 처음 인사할 때 실시한다.

② 보통 인사(보통례, 경례, 평상례) : 일반고객이나 웃어른 및 상사에게 인사하는 경우, 맞이하거나 배웅할 때, 외출 혹은 귀가 시, 직장에서 지시 혹은 보고 후 인사를 할 때 실시한다.

③ 가벼운 인사(목례, 약례, 반경례) : 윗사람이 아랫사람에게, 동료 혹은 하급자에게 인사하는 경우, 좁은 공간(엘리베이터, 복도, 계단 등)에서 인사를 할 때, 가벼운 감사를 표현할 때, 하루에 여러 번 마주할 때에 실시한다.

표 3-1. 인사요령

구분	가벼운인사	보통인사	정중한 인사
인사의 각도	15°	30°	45°
인사의 속도	구부린 다음 바로 폄	구부린 다음 1초동안 멈추었다가 폄	구부린 다음 1초동안 멈추었다가 폄
용도	고객이 들어올 때 환영인사		
시선	발끝 2미터 정도 앞		
양손의 위치	남녀 모두 차렷자세에서 가운데 손가락이 재봉선에 가볍게 대고 떨어지지 않도록 한다.		
발	뒤꿈치를 붙이고 30~40° 정도로 벌린다.		
표정	가볍게 미소를 띤다.		
다리	곧게 편다.		
히프	뒤로 지 않도록 한다.		
허리와 머리	허리에서 머리까지 일직선을 유지한다.(머리만 숙이거나 허리만 굽히지 않게 한다.)		
주의	눈을 치켜 뜨지 말아야 한다.		

(2) 인사의 종류

① 15도 인사법

앞면	옆면

② 30도 인사법

앞면	옆면

③ 45도 인사법

앞면	옆면

02. TPO(Time, Place, Occasion)에 맞는 인사법

일반적으로 인사의 시기는 30보 이내일 때이고, 가장 좋은 시기는 6보이다. 하지만 측방이나 갑자기 만났을 때에는 그 즉시 하는 것이 기본이다.

(1) 서 있을 때

남자는 차렷 자세로 바로 서서 바지 재봉선상의 중앙에 살며시 손을 대며, 여자는 차려자세에서 오른손의 엄지를 왼손의 엄지와 인지 사이에 끼어 하복부에 가볍게 댄다.

(2) 걸을 때

2~3m 가까이 가서 상대를 향해 선 후 기본자세를 취하고 인사를 한다. 이 때 상급자인 경우에는 지나 간 후에 움직인다.

⑶ 계단에서 마주칠 경우

계단을 오를 때 위에서 상사나 고객이 내려오면 상사나 고객이 내려 갈 수 있도록 물러서서, 상사나 고객이 같은 계단까지 올라오도록 기다렸다가 가볍게 인사한다.

⑷ 앉아 있을 때

상급자인 경우 일어서 인사하는 것이 원칙이다.

⑸ 전화통화 중일 때 아는 사람을 만났을 경우

중요한 전화가 아니라면 상대에게 양해를 구한 후 전화를 끊고 인사를 나눈다.

⑹ 하루에 여러 번 상대와 마주칠 경우

자주 마주칠 경우에도 간단한 목례를 하는 것이 예의이다.

⑺ 나이가 어린 사람을 만났을 때

부하직원으로부터 인사를 받았을 때 거드름을 피운다거나 못본 체 하는 것은 실례이다.

⑻ 연세가 많은 어른을 만났을 때

바르고 정확한 인사말과 함께 정중하게 한다. 이 때 지나치게 허리를 굽히는 것은 바람직하지 않다.

⑼ 상대방이 먼저 인사했을 때

지체 없이 바로 답례를 해야 한다. 인사는 먼저 보는 사람이 먼저 하는 것이 바람직하며, 반드시 답례를 해야 한다.

⑽ 외출시의 인사요령

외출시 상사나 동료에게 인사를 하고 출발하며, 돌아왔을 때에도 인사를 해야 한다.

⑾ 퇴근시 인사요령

상사 혹은 동료보다 먼저 퇴근하게 될 경우 도울 수 있는 업무가 있는지 확인 후 자신의 책상과 주변을 정리한 후 퇴근한다. 상사에게는 "ㅇㅇ님 죄송하지만 먼저 퇴근하겠습니다." 라는 인사를 한 후 퇴근하며, 동료에게는 "ㅇㅇ씨 죄송하지만(미안하지만) 먼저 퇴근하겠습니다(퇴근할께요)."와 같은 인사말을 한다.

표 3-2. 상황에 따른 인사말

상황	인사말
자주 만나는 사람에게	"그동안 안녕하셨습니까?"
머뭇거리는 상대방에게	"무슨 일로 오셨습니까?," "무엇을 도와 드릴까요?"
사과할 때	"정말 죄송합니다."
누군가에게 대답할 때	"네, 그렇습니다," "잘 알겠습니다"
누군가에게 반복해서 물을 때	"죄송합니다만, 다시 한번 말씀해 주시겠습니까?"
거절할 경우	"죄송합니다. 다음에 도와 드리겠습니다."
무엇인가를 안내할 때	"이쪽으로 오시겠습니까?"
출근할 때	"안녕하십니까?"
근무 중 외출할 때	"ㅇㅇㅇ 다녀 오겠습니다."
먼저 퇴근할 때	"먼저 퇴근하겠습니다," "내일 뵙겠습니다."
외출해서 돌아 왔을 때	"다녀왔습니다."
지나가다 부딪쳤을 때	"죄송합니다," "실례했습니다."

표 3-3. 인사의 5가지 포인트

내가 먼저	대화의 주도권을 잡는 것은 바로 당신
상대방의 눈을 보고 미소지으며	매혹적인 Eye Contact
상대방에게 맞춰서	상대의 마음을 사로잡자.
큰 소리로 명랑하게 호칭하며	용기를 갖고 하자.
지속적으로	$+\alpha$로 인간관계를 풍부하게

표 3-4. 인사 Checklist

• 항상 그렇다. : 10점 / • 때때로 그렇다. : 5점 • 전혀 그렇지 않다. : 0점 / • 당신의 점수는?____점	점수
아침에 "안녕하십니까?"라고 가족이나 동료에게 밝게 말을 걸고 있습니까?	
가정에서 출·퇴근시 안부인사를 명랑하게 인사하고 있습니까?	
이웃 분, 아는 분과 스쳐 지나갈 때, 미소지으며 인사하거나 미소띤 얼굴을 하고 있습니까?	
사람 사이를 지나갈 때 "실례하겠습니다."라고 말을 합니까?	
엘리베이터에서 내릴 때 다른 사람에게 "먼저 내리겠습니다."라고 말하고 있습니까?	
상대방에게 사소한 것이라도 도움을 받았을 때, "감사합니다."라고 말하고 있습니까?	
공중전화에서 뒤에 서 있는 사람에게 "오래 기다리셨습니다."라고 곧 말할 수 있습니까?	
"변명할 여지가 없습니다," "죄송합니다."라고 솔직하게 말할 수 있습니까?	
누군가 불렀을 때, 상냥하게 "예"라고 대답할 수 있습니까?	
"잘 먹겠습니다.", "잘 먹었습니다."가 습관화되어 있습니까?	

03. 직장에서 바른 인사

회사 내에서의 인사는 가능한 한 적극적으로 하는 것이 바람직하다.

상황에 따라 인사하는 센스도 아울러 갖추고 있어야 하며, 상황에 맞지 않거나 형식을 제대로 갖추지 않은 인사는 오히려 결례나 군더더기에 불과하다.

01 | 상황에 따른 인사법 몇 가지

(1) 상사나 동료들과 만날 때마다 인사를 해야 하는가?

처음 만났을 때는 정중하면서도 밝고 명랑하게 인사를 하고, 다시 만나게 될 때는 밝은 표정과 함께 가볍게 목례를 하는 것이 좋다.

(2) 작업 중일 때의 인사는?

작업중인 일이 인사할 정도의 여유가 있다면 상황에 맞게 가볍게 목례를 한다. 그러나 도저히 인사를 할 수 없는 경우에는 하지 않아도 좋다.

(3) 모르는 타부서 사람이 인사를 하는 경우에는?

우선 인사를 한 후에 주위 동료에게 누구인지 물어보고 다음에 마주쳤을 때 가벼운 인사말을 먼저 건네면 더욱 좋을 것이다.

(4) 화장실에서의 인사는?

화장실에서는 인사하지 않는다. 다만 눈이 마주칠 경우 목례한다.

02 | 출퇴근 및 외출 시 인사

(1) 출근 인사

① 아침에는 활기찬 표정과 태도로 명랑한 인사를 나눈다.
② 윗사람이 들어서면 일어서서 인사를 한다.
③ 늦었을 때는 상사 앞에까지 가서 사유를 겸손하고 분명하게 말한다. 그러나 이때, 먼저 사과부터 해야지 이유나 변명부터 하는 것은 예의 아니다.

(2) 퇴근인사

① 서로 수고의 위로로 인사를 나눈다.
② 아랫사람이 윗사람에게 '수고하셨습니다, 수고하세요' 인사는 사용하지 않는다.
③ 상사가 아직 일이 끝나지 않았는데 먼저 퇴근하는 경우에는 "제가 더 할 일은 없는지요." 하는 것이 예의다.

(3) 외출시 인사

① 외출할 때는 가능하면 미리 상사에게 말씀을 드린다.
② 반드시 언제, 어디로, 무슨 일로 가는 것을 서면으로 혹은 구두로라도 보고를 하고 나간다.

04. 나라별 인사예절

01 | 입맞춤

러시아인은 만날 때 인사로 키스하고 포옹을 한다. 지중해 연인의 나라는 주로 양쪽 뺨에 키스(단, 이성간에는 연인이 아닌 경우라면 소리만 내고 실제 키스는 하지 않는다.)

02 | 침뱉기

아프리카 탄자니아의 마사이 부족은 만나거나 헤어질 때 상대방에 대한 존경과 친근감의 표시이며, 갓 태어난 아이에게도 축복과 행운의 의미이다. 상거래에서 장사꾼 상호간의 홍정을 위해서도 침뱉기를 한다.

03 | 인도

가슴 앞에서 손바닥을 합쳐 좌우 열 손가락을 펴서 포갠다. 오늘날은 '나마스테'란 말과 함께 서로 합장을 한다.

04 | 태국

'와이(Wai)'는 태국의 전통적인 인사법이다. 양손 끝을 펴서 가슴께에서 맞대 마치 합장하듯이 고개를 살짝 숙이며 인사한다. 이때 남자는 "사와디 캅(Sawadee Kap 또는 Sawadee Krap)"이라고 말한다. 여자는 "사와디 카(Sawadee Kha)"라고 한다. 태국에서는 '와이 인사'가 아주 중요하다. 어느 집에 들어갈 때, 그리고 사람을 만날 때 꼭 인사를 나눈다.

05 | 기타

(1) 에스키모족은 서로의 뺨을 치는 것이 반갑다는 인사이다.

(2) 티베트인은 자신의 귀를 잡아당기며, 혓바닥을 길게 내밀어 친근감 표시이다.

05. 외국의 인사법

앞에서 살펴본 듯이 유럽, 남미 등에서는 악수 이외에 손에 입맞추기 인사가 있으며 유럽, 남미, 슬라브, 중동지역에서는 포옹인사 등도 있으니 참고하기 바란다. 그러나 보편적인 인사는 악수인 것 같다.

표 3-5. 외국의 인사말

국가	인사법
미 국	악수를 한다.
하와이	'알로하 알로하' 하며 서로 끌어 안고 양쪽 볼을 대며 인사한다.
알래스카	'브덴니 음음' 하며 두주먹을 코에 붙여 서로 끝을 비빈다.
중 국	'쎄쎄 니하우마' 하며 자기의 두팔을 들어서 팔목을 잡고 허리를 굽혀 정중히 인사한다.
일 본	'하지메마시테' 하며 허리를 여러번 굽혀서 인사한다
인 도	'오! 살로모어' 하며 양손을 입에다 붙였다 떼면서 나아가 '오! 살로모어' 하면서 서로 끌어 안는다.
프랑스	서로 볼을 댄다
아 랍	서로 껴안고 뺨을 비빈다
네 팔	'나마스테(3회)' 하며 양손을 머리에 얹고 허리를 90도 굽혀 인사한다.
인도네시아	서로 악수를 한 다음 가슴에 손을 얹는다.
이스라엘	'샬롬 샬롬' 하며 서로 상대방의 어깨를 주물러 준다.
스페인	'브에노스 디아스' 하며 서로 끌어안아 한바퀴 돈다.
태 국	'와이" 하며 기도하듯이 두 손을 가슴, 턱 또는 이마에 모은다.
터 키	양손으로 가슴을 비비면서 머리를 숙여 절을 한다. 때로는 키스로 인사를 대신한다.
기 타	눈웃음을 치며 '이히히히' 하며 웃음소리를 낸다.(에스키모), 혀를 내민다.(티벳), 코를 비벼댄다.(뉴질랜드의 마오리 족), 얼굴의 침을 뱉는다.(아프리카의 마사이 족)

06. 절

01 | 큰 절

큰절은 혼례 때나 제사 때에 주로 한다. 남자의 큰절은 마주 쥔 두 손을 눈높이 까지 올렸다가 몸을 구부리며 동시에 같이 앞으로 내려 방바닥을 짚고 절하고 일어설 때에도 마주 두 손을 눈높이까지 올렸다가 내린다. 여자의 큰절은 한복을 입고하는데

두 손을 펴서 모아 잡고 눈높이로 든 채 발목을 서로 포개어 앉는다. 그리고 모아 잡은 손을 그대로 둔 채 고개를 숙여 절하고 일어서면서 손을 모아 잡은 채 조용히 눈높이까지 들어 올렸다가 내려서 마주잡고 그 자리에 서서 어른의 분부를 기다린다.

02 | 평 절

남자의 평절은 두 손을 가볍게 마주 잡고 약간 들며 한쪽 발을 뒤로 밀고 다리를 구부려 무릎으로 방바닥을 짚은 다음 다시 한쪽 다리도 같이 구부려 두 무릎을 가지런히 하고 엎드려 손을 내려 방바닥을 짚고, 손등 위에서 15~20cm 거리에 얼굴이 오도록 숙여 절을 한 다음 일어서서 마주 잡은 두 손을 올리다가 내리며 두어 걸음 물러나서 두 손을 모아 잡고 어른의 분부를 기다린다.

여자의 평절은 한 쪽 발을 약간 뒤로 밀고 조용히 앉으면서 뒤로 민 다리를 방바닥에 놓고, 다른 쪽 다리는 세운 후 팔은 자연스럽게 따라 내려가 방바닥을 짚은 다음, 완전히 앉으면 고개를 숙여 절을 한다. 이때에 손은 몸 옆에 놓이게 되며, 손끝은 바깥쪽을 향하도록 한다.

절이 끝나면, 한쪽 발을 뒤로 밀며 조용히 일어서 두 팔을 모은다. 양장일 때에는 두 무릎을 꿇고 두 다리를 살며시 옆으로 보내며 앉아서 절을 한다.

07. 경 례

01 | 큰 경례

대개 집안의 웃어른이나 나이가 있는 분들에게 하는 인사로써 윗몸을 45° 정도 굽혀서 공손히 머리를 숙여서 인사를 하고 서서히 윗몸을 일으켜야 한다. 밝은 표정을 띄고, 시선은 인사를 올리는 분을 부드럽게 바라보는 자세가 좋다. 상대방과의 거리는 1.5~2m 정도면 충분하다.

02 | 거수경례

주로 제복차림으로 있을 때 하는 인사방법이다. 군인, 경찰, 소방관, 청소년스카우트 내에서 주로 볼 수 있다. 거수경례를 할 때는 윗사람이 인사를 받고 손을 내린 후에야 자신의 손을 내리는 것이 예의이다.

03 | 목례

길을 걸어갈 때 실내, 복도에서 자주 만나는 사람에게 건네는 인사로 가벼운 미소를 띄우며 고개를 약간 숙여 예의를 표하는 방법이다. 회사의 동료나 대개 가까운 친구 사이에는 괜찮지만, 웃어른들에게는 목례는 실례가 될 수도 있다. 그러나 시간적인 여유가 없을 경우에는 윗사람일지라도 가던 걸음을 멈추고 가볍게 고개를 숙여 예의를 표할 수도 있다.

08. 악수

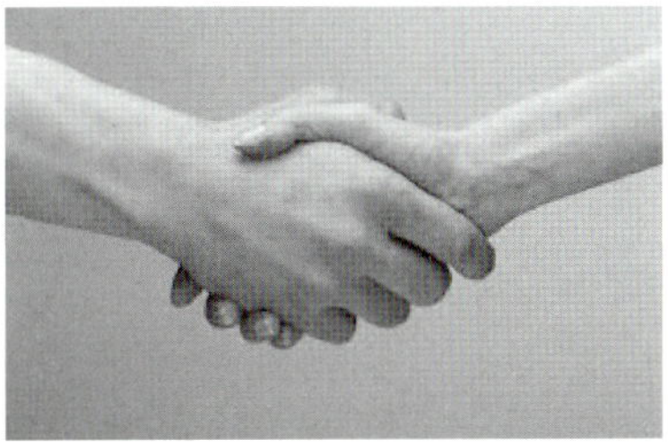

악수는 서구적인 인사로 우리나라에서도 생활화되었다. 원래 악수는 빈손을 내밀어 자신의 손에 칼이나 무기 같은 것이 없다는 것을 보여 줌으로써 상대방에게 우호적인 감정을 나타내기 위한 데서 유래하였다.

오늘날 악수는 상대방에 대한 자기표현이다. 악수는 손을 잡음으로써 마음의 문을 열고 일체감을 나타내는 의미가 있으므로 정중하게 해야 한다. 서양에서는 악수를 사양하는 것을 불쾌하게 생각할 수 있기 때문에 바른 악수법을 익혀 두는 것도 중요하다. 악수는 매우 경건한 마음으로 해야 하며, 미소 띤 얼굴에 허리는 곧게 펴고 마음에서 우러나는 태도를 취하는 것이 중요하다. 그리고 악수는 방법이 간단하면서도 지켜야 할 사항이 많으므로 결례가 되는 일이 없도록 주의가 요망된다.

01 | 악수하는 순서

여성이 남성에게(단, 비즈니스 상황에서는 예외), 연장자가 손아랫사람에게, 기혼자가 미혼자에게, 상급자가 하급자에게 손을 내민다.

02 | 악수를 청할 때

(1) 남성은 반드시 일어서야 한다.

(2) 여성은 앉은 채로 악수를 받아도 상관없다. 그러나 비즈니스의 업무로 인한 만남에서는 반드시 일어나서 악수를 받는 것이 예의이다. 일반적인 상황에서도 자신보다 웃어른인 경우에는 일어나서 악수를 받는 것이 예의이다.

03 | 올바른 악수법

(1) 악수는 윗사람이 먼저 청하는 것으로, 지위가 낮은 사람이나 나이가 어린 사람이 먼저 손을 내밀어서는 안된다. 또한 나이에 차이가 많거나 사회적 신분이 높은 사람과 악수할 때에는 오른손 손목을 왼손으로 가볍게 잡고 받들어 모시는 듯한 동작을 취하는 것이 정중함을 나타내는 자세이다.

(2) 이성 간에 악수할 때에는 여성이 먼저 손을 내밀되, 이때 남성이 장갑을 끼고 있으면 반드시 벗는 것이 예의이다. 여성의 예장(禮裝)으로서의 장갑은 실내에서도 벗지 않는다.

(3) 상대가 악수를 청할 때 남성은 반드시 일어서야 하며, 여성은 앉은 채로 악수를 받아도 상관없다.

(4) 상대의 눈을 보고 부드럽게 미소지으며, 손은 너무 강하지 않게 기분좋을 정도로 힘있게 잡는다.

(5) 손을 흔들 때는 자신의 어깨보다 높이 흔들어서는 안되며, 상하로 가볍고 자연스럽게 흔든다.

(6) 악수하면서 지나치게 머리를 숙이며 굽실거리는 행동은 비굴하게 보이므로 바람직하지 않다.

(7) 장갑을 끼고 있을 때 악수를 할 경우에는 반드시 장갑을 벗어야 하지만, 행사를 위해 끼고 있을 때에는 무방하다. 또한 여성은 장갑을 끼고 악수를 해도 무방하다.

(8) 악수는 인사할 때 사람과 사람이 손을 마주잡고 정을 느낄 수 있게 해야 한다.

(9) 악수를 할 때는 수줍어하지 말고 당당하게 한다.

(10) 반드시 선 자세로 오른손을 내밀어 자연스럽고 가볍게 쥐는 것이 예의이다.

(11) 처음에는 가볍게 쥐고 차차 손에 힘을 주어 서로의 정성과 호의를 나타내어야 한다.

(12) 손을 쥐는 시간은 장소와 친밀도에 따라 다르겠지만 보통은 2~3초가량이 적당하다.

(13) 악수할 때에는 상대방의 눈이나 얼굴을 주목하도록 하며 절을 같이 할 필요는 없다.

(14) 허리를 너무 뒤로 젖히지 않고 상체를 다소 앞으로 기울이는 듯한 기분으로 한다.

(15) 손을 너무 꽉 쥐거나 손끝만 힘없이 내미는 것도 실례가 된다.

(16) 악수 할 때 꽉 잡고 크게 흔드는 것은 경망스러워 좋지 않다.

(17) 손에 땀이 많이 나는 사람은 땀을 닦는 것이 바람직하다.

(18) 악수는 사회적 신분이 높은 사람이나 연장자 또는 여성이 먼저 청하는 것이 예의이나, 사회관계 속에서 남성이 먼저 악수를 청할 때 응하는 것이 예의이다.

(19) 신분이 높은 사람이 연소자일 경우에는 연장자라도 먼저 손을 내밀어서는 실례가 된다.

(20) 슬픈 일, 좋지 않은 일에 있어서는 악수하지 말아야 한다.

먼저 악수를 청하는 서열	악수를 먼저 청할 수 없는 서열
여성	남성
지위가 높은 사람	지위가 낮은 사람
선배	후배
연장자	연소자
기혼자	미혼자

04 | 유럽의 악수 매너

(1) 프랑스 : 거친악수

(2) 이탈리아 : 긴악수

(3) 남부유럽 : 악수를 즐김

(4) 영국, 독일 : 화합, 파티 때

(5) 남부유럽 : 공식적 경우 행함.

05 | 악수 바디 랭귀지의 상황별 의미

(1) 보통악수 : 서로 손바닥을 마주친다

(2) 우월감을 나타내는 악수 : 손바닥을 아래로 향하게 한다.

(3) 순종적인 악수 : 손바닥을 위로 향하게 한다.

06 | 나라별 악수의 특징 및 인사 예절

(1) 미국

① 손을 힘있게 쥐고 흔듬.
② 손윗사람 : 격려 뜻으로 손아랫사람의 어깨를 두드리기도 함.

(2) 독일

언제나 강하고 짧게 흔듬.

(3) 프랑스

손에 힘을 많이 주지 않음.

(4) 중남미

여성과 악수 할때 손등에 입을 맞추는 경우가 많음.

(5) 악수에 있어 특례

왕 또는 왕족 대통령 : 남성의 경우 목례로 공손히 인사한 후 상대방이 악수를 청하면 재차 머리 숙여 인사한다.

07 | 악수 바디 랭귀지의 상황별 의미

(1) 목례

① 가볍게 머리를 숙여 결의를 표한다.
② 여성은 남성에게 악수가 아닌 가벼운 목례와 미소로 첫인사를 해도 자연스럽다.(이럴

경우 남성도 같은 반응으로 응한다)

③ 소개 받은 남성이 작별인사를 한다.

(2) **손에 하는 입맞춤**

① 서양의 사교모임 등에서 기혼여성에 대한 존경의 뜻으로 이뤄졌다.

② 오늘날에는 이런 행위가 구태의연한 관습으로 여기게 되어 사라졌다.

(3) **포옹**

① 반가움과 친밀감을 담아 온몸으로 표현하는 애정의 표현이며 자연스레 교감하는 인사법이다.

② 구미대국의 라틴계, 슬라브계 나라에서는 친척, 친구를 주로 표한다.(더 사적인 사이에겐 포옹 후 키스함.)

section 03 명함예절

01. 명함예절의 중요성

명함은 초면인 상대에게 자신의 소속과 성명을 알리고 증명하는 역할을 하는 자신의 소개서이자 분신이다. 따라서 직장인은 항상 명함을 소지하고 있어야 하며, 올바르게 사용할 수 있어야 한다.

받는 명함은 언제라도 금방 찾아볼 수 있도록 명함 꽂이, 수첩 등에다 잘 정리해 두고, 상대의 명함을 소중히 다루는 것은 상대와 상대의 회사에 대한 경의를 표한다는 마음의 표현이다. 그리고 명함을 받은 후 날짜, 만난 장소, 간단한 용건 등을 뒷면에 메모해 두면 상대를 기억하기 용이하며, 훗날 참고 사항이 될 수 있다.

O2. 명함에 들어갈 기본적 사항

〈명함 제작 사례〉

명함에 들어가야 할 기본적 내용은 소속, 이름, 연락처와 기타 홍보자료 등이다.

외국인을 위하여 뒷면을 영문으로 제작하거나 시각장애인을 위하여 점자명함을 제작하기도 한다. 위 사례에서 보듯이 알리고 싶은 사항을 명함을 이용하여 홍보 할 수도 있다.

O3. 명함을 전할 때

(1) 상의에서 꺼내며 명손 아랫사람이 손윗사람에게 먼저 건네는 것이 예의이다.

(2) 소개의 경우는 소개 받은 사람부터 먼저 건낸다. 방문한 곳에서는 상대방보다 먼저 명함을 건네도록 한다.

(3) 손아랫사람과 명함을 주고받는다고 해도, 명함은 일어나서 주고받는 것이 원칙이다. 명함은 반드시 일어서서 그리고 두 손으로 공손하게 받는다.

(4) 명함은 선 자세로 교환하는 것이 예의이고, 테이블 위에 놓고서 손으로 밀거나 서류 봉투 위에 놓아서 건네는 것은 좋지 않는다.

(5) 명함을 내밀 때는 정중하게 인사를 하고 나서 "○○회사의 □□□이라고 합니다."라고 회사명과 이름을 밝히면서 두 손으로 건네도록 합니다. 사내에서 내방객을 맞이할 경우는 이름만 말해도 된다.

(6) 명함은 왼손을 받쳐서 오른손으로 건네되 자기의 성명이 상대방 쪽에서 보아 바르게 보이게 끔한다.

(7) 상사와 함께 명함을 건넬 때는 상사가 건넨 다음에 건네도록 한다.

(8) 상대가 두 사람 이상일 때에는 윗사람에게 먼저 준다.

(9) 상사의 대리로 타사를 방문하는 경우 대개는 상사로부터 명함을 받아서 가게 되지만, 자신의 명함도 주고 오는 것이 좋다.

(10) 직급이 중요하지 않은 경우에는 당연히 연소자가 연장자에게 먼저 주는 것이 상식이다.

(11) 한쪽 손으로는 자기의 명함을 주면서 한쪽 손으로는 상대의 명함을 받는 동시교환은 부득이한 경우가 아니면 실례이므로 만일 상대가 먼저 명함을 주면 그것을 받은 다음에 자기의 명함을 주도록 한다.

04. 명함을 받을 때

(1) 상대의 명함을 받으면 반드시 자기의 명함을 주어야 한다.

(2) 만일 명함이 없으면 "죄송합니다. 마침 명함이 없는데 다른 종이에 적어드려도 되겠습니까?"라고 사과를 겸해 의견을 묻고, 상대가 원하면 적어준다. 단, 이쪽의 명함을 받은 상대가 명함이 없다고 하면 특별한 경우가 아니면 다른 종이에 적어 달라고 청하지 않는다.

(3) 상대에게 받은 명함은 공손히 받쳐 들고 상세히 살핀 다음 그 자리에서 보고, 읽기 어려운 글자가 있을 때에는 바로 물어본다. 대화 중 상대방의 이름을 잊었다고 해서 주머니에 집어넣은 명함을 되 꺼내 보는 것은 결례이므로 명함을 받으면 그 자리에서

상대방의 부서, 직위, 성명 등을 반드시 확인하여 대화중에 실수가 없도록 하여야 한다. 다음 정중하게 상의 윗주머니에 넣는다. 상대가 보는 앞에서 즉시 명함꽂이에 꽂거나 아무데나 방치하면 실례이다.

(4) 명함을 건넬 때와 마찬가지로 받을 때도 일어선 채로 두 손으로 받습니다. 이 때 "반갑습니다."라고 한 마디 덧붙이는 것이 좋다.

(5) 여러 명의 상대와 명함을 교환하는 경우에도 상대가 한 사람인 경우와 마찬가지로 한 사람 한 사람씩 명함을 건네고 받는다. 이 때 상대를 혼동하지 않기 위해 받은 명함을 상대가 앉은 위치에 따라 나란히 늘어놓아도 실례가 되지 않는다.

(6) 상대의 명함을 받게 되면 반드시 상대방에게 그에 대한 한두 가지 사항을 형식적으로라도 물어보는 것이 예의이다.

(7) 명함 디자인을 칭찬하거나, 회사의 위치를 물어보는 것도 좋다.

(8) 꼭 비싼 명함지갑을 살 필요는 없으니, 웬만하면 명함지갑을 하나 구비하는 것이 좋다.

(9) 영업 활동에서 상하 관계를 결정짓는 것은 사회적 지위나 연령은 아니기 때문에 비즈니스 상황에서의 올바른 명함 교환과 행동이 필요하다.

(10) 명함 전달 시 시원시원하고 명료하게 "소속회사와 직급, 이름"을 상대방의 눈을 보고 말한다.

(11) 명함을 받을 때는 "잘 받겠습니다."라고 말을 곁들이고 양손으로 받는다.

(12) 받은 명함은 자신의 가슴보다 높은 위치에서 확인하고, 이 때 읽는 법을 모를 경우 "실례지만 해당 항목(예 이름)은 뭐라고 부르면 좋을까요?"와 같이 확인한다.

(13) 테이블에 도착 후, 받은 명함은 자신이 바로 볼 수 있는 위치로 자신의 명함 지갑 위에 얹어 둔다.

Tip 명령을 받는 법의 4가지 포인트

- 명령을 받을 때는 메모를 한다.
- 끝까지 잘 듣고 "5W 1H : When, Where, Who, What, Why, How로 생각하면서 듣는다" 모르는 것이 있으면 질문한다.
- 상사의 명령에 의견이 있으면 겸허하게 생각한대로 의견을 말한다.
- 명령을 받은 후에는 명령의 내용을 간단하게 복창하여 확인한다.

Tip 명령을 받는 사람의 마음가짐

- 명령하고 있는 사람이 무엇을 바라고 있는지를 파악한다.
- 내용을 이해하고 판단한다.
- 실행한 후 결과를 확인한다.
- 확인한 것을 보고한다.
- '명령'이란 말이 딱딱하면 "일의 부탁"이란 생각을 해도 좋다.

05. 명함 보관

초면에 인사를 나누었을 때에는 만난 일시, 용건, 소개자, 화제 중의 특징, 인상착의 등을 뒷면에 메모하여 다음 만남 기회에 활용하도록 한다. 단, 상대방 앞에서 바로 메모하는 것은 결례가 되므로 주의한다.

자신의 명함이나 상대방의 명함은 별도의 명함 보관 첩을 만들어 깔끔히 보관한다.

06. 해외의 명함 예절

(1) 해외에서 갑자기 명함을 교환하는 것은 안된다.

(2) 우선 악수를 하고 자기소개를 한 후 명함을 교환한다.

(3) 먼저 명함을 전달하는 것은 외국인에게 "인사도 하지 않고 요건을 전달하려는 것"과 같은 것으로 실례가 될 수 있다.

(4) 일본에서는 상담에 참여한 모든 처음 보는 사람과 명함 교환을 하는 것이 일반적이지만, 해외에서는 '명함 교환을 해두는 것이 좋을 것이다'라고 생각한 사람에게만 명함 교환을 한다.

(5) 일본의 경우, 명함 취급이 중요시되지 않기 때문에 명함 교환 시 모서리가 구부러진 명함이나 더러운 명함을 전달하는 장면을 우연히 만날 수도 있고, 일부 미팅 중에 상대의 명함을 눈앞에서 메모하는 경우도 있다.

(6) 명함은 '어디까지나 비즈니스를 위한 도구'라는 인식 때문에 일본처럼 개인 명함을 교

환하는 일은 흔치 않지만 해외의 경우, 개인명함(private business card)과 영업용 명함(business card)을 구분하여 사용하는 경우가 있기 때문에 사용 명함의 구분을 할 필요가 있다.

(7) 명함 교환 후 감사 이메일을 전송하는 것도 긍정적 이미지를 준다.

(8) 명함 관리 App&소프트웨어를 사용하여 “명함관리” 카테고리(업종 · 지역)별 관리가 필요하며, 명함관리를 통해 인맥 목록을 영업 목록으로 활용 가능하다.

Chapter 4 전화예절

section 01 전화예절의 의의

01. 전화예절의 중요성

전화는 상대의 얼굴을 보지 못하고 대화를 하기 때문에 자칫 통화 중에는 예절에 소홀해지기 쉽다. 전화는 서로의 목소리 톤, 언어, 태도, 말투 등에 따라 각자의 인상이 결정되며, 잘못 실례가 되면 상대방의 기분을 상하게 할 수 있다.

전화는 회사의 이미지를 나타내는 또 다른 수단으로서, 한 직원의 전화 응대에 따라 회사의 이미지가 좌우된다. 전화를 거는 잘못된 방법과 태도로 인하여 고객 혹은 상대방의 기분을 상하게 하는 것은 회사의 손실과 직결되고 직장에서는 자신의 이미지가 실추되기도 한다. 따라서 우리는 좋은 응대를 위해 자세를 바르게 하고, 상대방과 직접 대면하고 있는 듯 이야기 하는 것이 중요하다.

비즈니스 상황에서 각자에게 시간 또한 일종의 소비 자원 중의 하나이다. 통화를 하기 전 전화를 거는 이유와 목적에 대해 간결하게 정리한 후 가급적 짧은 시간에 통화를 끝내는 것 또한 상대방에 대한 예의이자 바쁜 시간에 대한 배려이다.

우리는 업무상의 통화에 앞서 되도록 짧은 시간에 핵심을 전달하는 습관을 들이는 것이 필요하며, 비즈니스 통화에서 가장 중요한 예절은 '신속하게, 정확하게, 정중하게' 라는 것을 반드시 인지하고 있어야 한다.

Tip 전화에티켓

- 자세를 바르게 하고 통화한다.
- 용건만 간단히 통화한다.
- 통화연결 시 상대를 오래 기다리게 하지 않는다.
- 큰소리의 전화통화로 업무분위기를 해치지 않는다.
- 통화 중 부득이 다른 말을 할 경우에는 수화기를 막고 한다.
- 6하 원칙에 준하여 메모와 복창으로 내용을 정확히 한다.

02. 전화응대의 특성

(1) 고객 전화는 예고 없이 찾아오는 방문객이다.

(2) 비대면 방식의 고객 서비스이다.

(3) 전화 통화 시 중요한 사항은 메모를 해두는 것이 좋다.

(4) 전화 통화 중에도 항상 시선은 전방에 둔다.

03. 전화응대의 기법

(1) 밝고 명랑하게, 억양, 속도, 발음, 강조한다.

(2) 전문용어 대신 알아듣기 쉬운 일반용어 사용한다.

(3) 공손한 말씨로 대한다.("요"→"다, 나, 까"로)

(4) 부정적인 표현은 긍정적인 표현으로 사용한다.

(5) 명령 지시형 대신 의뢰 권유형 말투 사용한다.

04. 상대방에게 호감을 주는 대화법

01 | 1 · 2 · 3 화법

상대방과 대화를 할 때 1분 동안 말하고, 2분 이상 들어주며, 3분 이상 맞장구 친다. (대화 1분, 경청 2분, 호응 3분 → 총 6분)

02 | 샌드위치 화법

비평을 하거나 잘못을 지적할 때에는 직설적으로 말하지 말고, 칭찬과 격려를 동시에 한다.
"고생 많이 하셨습니다만, 이건 이렇게 해 주셔야 합니다."
"찾아오시느라고 고생하셨습니다만, 그 업무는…"

05. 전화응대의 기본자세

(1) 우리 회사를 대표한다는 마음으로 성의껏 응대한다.
(2) 청각적 요소만으로 자신의 친절을 표현해야 하기 때문에, 단어의 선택, 톤, 말투, 태도, 예의 등에 더욱 주의를 기울이며 응대한다.
(3) 한 사람의 불친절한 응대가 우리 회사의 전반적인 이미지와 서비스의 품질을 떨어뜨린다는 것을 인지한다.

06. 전화응대의 3원칙

01 | 신속성

(1) 업무상의 전화 혹은 고객과의 통화 시 전화벨이 3번이 울리기 전에 받으며, 3번 이상 울린 후 받게 되면 "늦게 받아 죄송합니다."라고 말씀을 드린다.

(2) 가급적 간결하게 통화하며 짧은 시간에 핵심을 전달한다.

02 | 정확성

(1) 5W 3H로 메모하는 습관을 기른다.

5W	Who (누가) - 사람 When (언제) - 때 Where (어디서) - 장소 Why (왜) - 이유 What (무엇을) - 목적	3H	How (어떻게) - 방법 How much (얼마나) - 경비 How many (얼마만큼) - 수량

(2) 인사와 소속, 이름을 밝히는 첫 멘트는 다소 천천히, 정확히 하여 상대가 되묻는 일이 없도록 한다.

(3) 명확히 또박또박 발음을 한다.

(4) 메모를 받는 경우, 해당자에게 정확한 내용을 반드시 전달하고 중요한 내용의 경우 재차 확인한다.

03 | 친절성

(1) 정성을 다하고 상대의 기분과 심리를 긍정적으로 만들어야 한다.

(2) 호칭이나 직함에 주의하고 단어 선택에 신경을 쓴다. "뭐라구요?", "~라구요?" 등의 표현은 삼간다.

section 02 전화응대요령

01. 전화를 거는 요령

직장인으로서의 전화는 개인적으로 혹은 사적으로 하는 통화와 성격이 사뭇 다르기 때문에, 전화를 하기 전에는 충분한 준비를 해둘 필요가 있다. 다음 제시된 전화를 거는 요령과 순서를 통해 충분히 익히도록 하자.

01 | 준비

상대방의 전화번호, 소속, 직급, 성명 등을 미리 확인한다. 이와 같은 확인을 하는 까닭은 착오로 인해 상대방에게 폐를 끼치지 않기 위해서며, 덧붙여 시간이나 요금의 낭비도 막게 된다. 용건은 육하원칙으로 정리하여 메모한다. 이 때 필요한 서류와 자료도 갖추어 놓는다.

02 | 전화걸기

전화번호를 확인하면서 왼손으로 수화기를 들고 오른손으로 다이얼을 누른다. 번호를 하나하나 정확히 눌러서 오류를 방지한다.

03 | 전화연결

상대방이 전화를 받아 먼저 스스로를 밝히면 잘 듣고 메모하며 인사 후 자신을 소개한다. 만일 찾는 사람이 아닌 다른 사람이 받으면 찾는 사람을 말하고 정중히 연결을 요청한다.

04 | 찾는 상대가 있는 경우

간단한 인사말을 한 뒤 시간, 장소, 상황을 고려하여 용건을 말한다. 단, 업무전화의 용건은 간결하게 하는 것이 바람직하다.

05 | 찾는 상대가 없는 경우

전화건 목적을 분명히 하여 자신이 다시 걸 것인지, 회신을 원하는지를 전달한다. 자신의 성명, 회사, 소속, 전화번호를 확인해 준다.

06 | 내용확인

통화 내용을 다시 한 번 정리하여 꼭 확인한다.

07 | 끝인사

용건이 끝났으면 "감사합니다."등의 마무리 인사를 꼭 한다.

08 | 종 료

업무 전화는 건 쪽에서 먼저 끊는다. 받은 쪽이 먼저 끊으면 상대방이 용건을 다 말하기 전에 통화가 끝날 염려가 있기 때문이다. 그러나 상대방이 아주 윗사람일 경우에는 상대방이 끊은 것을 확인한 후 수화기를 내려놓는 것이 또한 예의이다.

02. 전화를 받는 요령

"전화를 받는 속도와 목소리에서 그 회사를 알 수 있다."고들 말한다. 이 말이 시사하듯 직장에서는 걸려 온 전화를 받는 그 순간부터 자신이 회사의 대표자라는 마음가짐이 되어 있어야 하는 것이다. 다음은 전화를 받는 요령이다.

(1) 전화 벨이 울리면 즉시 받는다.

벨이 여러 번 울린 뒤에 받는 것은 상대방에게 실례가 된다. 사정이 있어 세 번 이상 벨소리가 울린 후에 받았을 때는 "늦어서 죄송합니다." 하고 말 하는 것이 상대방에 대한 예의이다

(2) 우선 회사명과 부서명, 이름을 밝힌다.

회사 밖에서 걸려 온 전화는 먼저 "감사합니다. ○○회사 총무부 ○○○입니다." 라고 말한다. 교환을 거쳤을 경우에는 이미 회사명을 밝혔을 테니 "네 총무부 ○○○입니다." 라고 한다. "여보세요, 여보세요."라고 하거나 "어디시죠?"라고 하는 것은 좋지 않다.

(3) 상대방을 확인한 후 인사를 한다.

"○○회사의 김 대리님이시라구요. 안녕하십니까?"
이름을 밝히지 않는 경우가 있는데, 그럴 때에는 "실례지만 누구십니까?" 하고 물어 확인한다.

(4) 메모 준비를 하고 용건을 듣는다.

(5) 용건이 끝나면 통화 내용을 요약, 복창하여 확인한다. 이 때 잘 모르는 내용일 경우에는 잘 아는 사람에게 전화를 바꾸어준다. 특히 전언일 경우에는 주의를 기울여 확인하고 책임을 진다.

(6) 마무리 인사를 하고, 상대방이 수화기를 내려놓은 것을 확인 한 후 조용히 수화기를 내려놓는다.

03. 전화를 연결하는 요령

01 | 받을 사람이 자리에 있는 경우

(1) **보류버튼을 누르고 받을 사람에게 말한다.**

고객이 기다리지 않도록 신속하고 정확하게 연결한다. 받을 사람이 상대의 회사명과 회사 또는 용건을 알면 건 사람이 몇 번씩 같은 내용을 말하지 않아도 되고, 대화도 부드럽게 시작되므로, 연결 시에는 받을 사람에게 간략한 소개와 용건을 전달한다.

(2) **돌려줄 때**

"네 연결해 드리겠습니다."
"혹시 끊어지면 ○○○번으로 하시면 됩니다."
"잠시만 기다려 주십시오,"

(3) **기다리게 할 때**

"죄송합니다. 통화중이신데 잠시만 기다려주시겠습니다."
"통화가 길어지고 있는데 죄송합니다만 잠시 후에 다시 걸어 주시겠습니까?"

(4) **기다리게 했을 때**

"기다려 주셔서 감사합니다. 곧 연결해 드리겠습니다."

(5) 같은 성이 있을 때에는 성명과 소속을 확인

"홍대리님은 두 분이 있습니다만 어느 부서의 홍대리님을 찾으십니까?"

(6) 조금 시간이 소요되리라 생각될 경우

"괜찮으시다면 이쪽에서 다시 전화를 드리면 어떻겠습니까?"

(7) 용건을 잘 몰라 담당자를 바꿀 경우

"죄송합니다만 그 업무는 제가 잘 모르는 사항이라 담당자인 홍길동씨를 바꿔 드리겠습니다. 잠시만 기다려 주십시오."

02 | 받을 사람이 없는 경우

(1) 부재중임을 알린다

잠시 자리를 비운 경우에는 출장, 휴가, 식사, 회의 등의 경우를 간단히 말하고 끝나는 시간, 귀가 예정시간 및 일자를 말한다. 상대방이 원하는 경우에는 전화를 건 사람의 성함, 회사, 직책, 전화번호, 용건 등의 메모를 정확히 적어두고 전달하도록 한다. 전달 시에는 향후 중요한 문제가 생길 경우를 대비하여 전화를 받은 사람의 이름과 직책 또한 반드시 기입해 둔다.

(2) 용건 해결이 가능한 경우

공적인 업무에 관계된 용건인 경우 자신이 해결, 처리해 드릴 수 있을 때에는 그 점을 알린다.

(3) 용건 해결이 불가능한 경우

전화 받을 사람이 반드시 해결해야 하는 경우 육하원칙에 의거하여 정확히 메모해두고,

이때 날짜, 시간, 성함, 회사 및 직책, 전화번호, 전화를 받은 사람 등의 사항을 꼼꼼히 확인 후 메모한다.

(4) **전화받는 자신의 성명을 재차 알려준다.**

책임감 있게 전화 응대함을 알려준다.

(5) **끝인사 후 끊는다.**

상대가 끊고 나서 조용히 수화기를 놓는다.

03 | 특별한 경우의 응대를 연결하는 요령

(1) **전화가 도중에 끊길 때**

전화 건 쪽에서 다시 해야 하지만 잠시 기다려도 오지 않을 때에는 전화를 받는 쪽이 다시 한다. 다시 통화가 된 경우 "조금 전에는 실례했습니다." 등으로 사과하고 통화를 계속한다.

(2) **처리하거나 조사하는데 시간이 걸릴 때**

예정처리시간을 알리고 업무처리 후 먼저 전화를 할 것을 알린다.

(3) **전화가 잘 못 걸려 왔을 때**

잘못 걸렸음을 정중하게 이야기하고 다른 부서일 경우 전화번호를 알려준다.

(4) **전화가 잘 들리지 않을 때**

송화구를 막으면서 통화하며, 다시 걸어 주도록 정중하게 요청한다.

(5) 통화 중 손님이 온 경우

양해를 구한 후 송화기를 막고 손님을 응대한다. 이 때 손님의 용건이 급하지 않으면 기다리도록 양해를 구하고 통화를 끝내도록 한다.

(6) 손님이 있을 때 전화가 온 경우

정중하게 손님의 양해를 구하고 "실례합니다." 하며 수화기를 든다. 급한 내용이 아니면 "죄송합니다. 지금 손님이 계셔서 잠시 후 전화를 드리겠습니다."라고 양해를 구한다.

(7) 윗 상사와 통화를 원했을 경우

자기보다 윗 상사가 부재시는 전화를 달라고 하면 결례이다. 이때는 재차 본인이 전화를 걸도록 한다.

"잠시 후 다시 전화하겠습니다."

04. 전화 사용 시 실수하기 쉬운 사례

(1) 정확하고 정중하게, 그리고 용건만 간단히 사용해야 한다.

(2) 외국으로 전화할 때에는 수화기를 듣기 전에 시차를 계산해본다.

(3) 전화를 걸면 반드시 자신의 신원부터 밝힌다.

(4) 자신을 소개할 때 자신의 직함을 함부로 넣지 않는다.

(5) 전화 받기가 거북할 경우 그 사실을 상대방이 듣게 해서는 안 된다.

(6) 상대방이 윗사람이라면 먼저 수화기를 내려 놓아서는 안 된다.

(7) 비서를 시켜 전화를 걸었더라도 연결되면 직접 통화하는 것이 좋다.

(8) 이상한 전화가 계속해서 걸려오면 전화국에 가서 조치한다.

(9) 공중전화는 가능한 한 통화를 짧게 하고 떨어져서 기다린다.

Tip 전화응대의 바람직하지 못한 습관

- “여보세요.” 또는 “네.”로 첫인사를 하지 않는가?
- 작은 목소리로 성의 없는 응대를 하지 않는가?
- 고객 앞에서 개인적인 일로 전화를 길게 하지 않는가?
- 메모 대신 기억력을 신뢰하고 있지 않는가?
- 상대와 말다툼을 하지 않는가?
- 상대보다 먼저 전화를 끊어 버리며 “탁” 소리가 나도록 내려치지는 않는가?
- 수화기를 턱이나 어깨에 걸치고 통화하지 않는가?
- 내 전화만 잘 받으려 하지 않는가?

표 4-1. 전화친절 응대 기본 포인트

<table>
<tr><th colspan="2">항 목</th><th>표 현 방 법</th></tr>
<tr><td colspan="2">첫인사</td><td>안녕하십니까? ○○과 홍 길 동입니다. 반갑습니다.
* “감사합니다” 등은 일반화됨. 신선함과 차별화를 위해 변경 사용
* 늦게 받아 죄송합니다. ○○과 ○○○입니다. 무엇을 도와드릴까요?</td></tr>
<tr><td colspan="2">대화응대시</td><td>문의사항 재확인 및 강조
상대방의 문의에 대해 핵심을 재확인 한다.
본인과 상관없는 문의일지라도 소속감을 갖고 성의있게 표현 및 안내한다.
(예 제 담당이 아니라서 정확히 모르겠습니다. 담당자를 연결해드리겠습니다. 담당자는 ○○○입니다 그럼 좋은 시간되십시오.)</td></tr>
<tr><td colspan="2">종료시 처리</td><td>“감사합니다, 안녕히 계십시오.” 두가지 멘트를 함께 사용한다.
* 추가멘트 사용
(예 좋은하루 되십시오, 즐거운 하루 되십시오, 좋은 시간 되십시오, 저는 ○○과 홍길동입니다, 저는 홍길동입니다, 궁금사항 있으면 저에게 연락주십시오, 제 전화번호는 ○○입니다 등등)</td></tr>
<tr><td rowspan="2">연 결</td><td>보낼때</td><td>네 돌려드리겠습니다
연결 전화번호는 ○○과 ○○○○번입니다.
좋은 시간되세요.</td></tr>
<tr><td>받을때</td><td>전화바꿨습니다. ○○과 홍 길 동 입니다. 반갑습니다.
위의 3대포인트 그대로 사용해야 한다.</td></tr>
</table>

표 4-2. 전화 친절도 항목별 평가 기준

<table>
<tr><th>구분</th><th>항목</th><th>배점</th><th colspan="2">세 부 항 목</th><th>점수</th></tr>
<tr><td rowspan="14">맞이 단계
(30)</td><td rowspan="6">수신의 신속성</td><td rowspan="6">15</td><td>① 전화벨 3회 이하 (연결음악 8초 이하)</td><td>(15점)</td><td></td></tr>
<tr><td>② 전화벨 4회 (연결음악 9초~11초)</td><td>(12점)</td><td></td></tr>
<tr><td>③ 전화벨 5회 (연결음악 12초~14초)</td><td>(9점)</td><td></td></tr>
<tr><td>④ 전화벨 6회 (연결음악 15초~17초)</td><td>(6점)</td><td></td></tr>
<tr><td>⑤ 전화벨 7회 (연결음악 18초~20초)</td><td>(3점)</td><td></td></tr>
<tr><td>⑥ 전화벨 8회 이상 (연결음악 21초 이상)</td><td>(0점)</td><td></td></tr>
<tr><td>※가점</td><td>+3</td><td>전화벨 4회 이상 - 양해멘트 사용시</td><td></td><td></td></tr>
<tr><td rowspan="4">최초 인사</td><td rowspan="4">10</td><td>① 인사말 + 팀명 + 성명</td><td>(10점)</td><td></td></tr>
<tr><td>② 인사말 + 팀명, 인사말 + 성명, 팀명 + 성명</td><td>(7점)</td><td></td></tr>
<tr><td>③ 인사말, 팀명, 성명 중 한가지만 실시</td><td>(4점)</td><td></td></tr>
<tr><td>④ 인사를 실시하지 않은 경우 (네, 여보세요 등)</td><td>(0점)</td><td></td></tr>
<tr><td rowspan="4">발음의 정확성</td><td rowspan="4">5</td><td>① 팀명, 이름이 정확하게 들림 (이름의 경우는 두글자 이상 들리면 Yes)</td><td>(5점)</td><td></td></tr>
<tr><td>② 팀명, 이름이 두글자 이상 들리기는 하나 말이 너무 빠르거나 하여 다소 알아듣기 힘듬</td><td>(3.5점)</td><td></td></tr>
<tr><td>③ 팀명, 이름 중 하나만 들림</td><td>(2점)</td><td></td></tr>
<tr><td>④ 전혀 알아들을 수 없거나 대부분 얼버무림</td><td>(0점)</td><td></td></tr>
<tr><td rowspan="3">응대 단계
(50)</td><td>어감</td><td>10</td><td colspan="2">매우 퉁명스럽고 친밀감 없음 / 다소 사무적이고 형식적임 / 음성 및 어감이 밝고 친밀함
1 2 3 4 5 6 7 8 9 10</td><td></td></tr>
<tr><td>대화법</td><td>10</td><td colspan="2">배려하려는 노력이 없음 / 배려하려는 노력이 부족 / 민원인의 입장을 배려하려고 노력함
1 2 3 4 5 6 7 8 9 10</td><td></td></tr>
<tr><td>응대 태도</td><td>10</td><td colspan="2">고객 말을 자르고, 잘 듣지 않음 / 문의에 집중 및 공감적인 경청표현 사용 부족 / 문의에 집중, 공감적인 경청표현 사용
1 2 3 4 5 6 7 8 9 10
(단, 고객 말을 잘라야 할 상황시 양해를 구하면 자르지 않은 것으로 평가)</td><td></td></tr>
</table>

<table>
<tr><td rowspan="2">응대
단계

(50)</td><td>용무
처리
신속성</td><td>10</td><td colspan="3">문제를 해결하려는 즉각적인 노력이 없음 / 문제를 해결하려는 즉각적인 노력이 부족 / 문제 해결을 위해 즉각적으로 노력
1 2 3 4 5 6 7 8 9 10</td><td></td></tr>
<tr><td>설명
태도</td><td>10</td><td colspan="3">이해를 도우려는 노력이 없음 / 이해를 도우려는 노력이 다소 부족 / 민원인의 이해를 도우려고 노력함
1 2 3 4 5 6 7 8 9 10</td><td></td></tr>
<tr><td rowspan="6">마무리
단계

(20)</td><td rowspan="4">종료
인사</td><td rowspan="4">15</td><td>(1) 상담직원이 마무리를 한 경우</td><td colspan="2">(2) 다른 직원에게 돌려주는 경우</td><td></td></tr>
<tr><td>① 한가지 or 한가지 이상의 인사말 사용(예 감사합니다 / 좋은 하루 되십시오 등)</td><td>① 연결용어사용 + 전화번호안내 (예 연결해드리겠습니다 / 혹시 끊어지면 ○○○번으로 하십시오)</td><td>(15점)</td><td></td></tr>
<tr><td>② “네”라고만 한다.</td><td>② 한가지만 사용</td><td>(10점)</td><td></td></tr>
<tr><td colspan="2">③ 종료인사 or 아무런 멘트가 없음</td><td>(0점)</td><td></td></tr>
<tr><td rowspan="2">종료
시점</td><td rowspan="2">5</td><td>① 고객이 전화를 끊은 후에 직원이 끊음</td><td>① 무조건 5점</td><td>(5점)</td><td></td></tr>
<tr><td>② 고객보다 먼저 전화를 끊음</td><td></td><td>(0점)</td><td></td></tr>
</table>

section 03 통신예절

01. 가상공간에서의 예절

가상공간에서 우리가 명심해야 할 가장 기본적인 태도는 상대방이 나와 같은 생각을 하고 있는 실제 인간이라는 점이다. 많은 사람들이 인터넷 상에서 대화할 때 단지 눈앞에 보여지는 컴퓨터 스크린을 통하기 때문에 상대방이 인격을 가진 사람임을 간과하는 경우가 있다.

또한 서로 대면하지 않고도 의사를 전달할 수 있다는 매체의 특성과 익명성은 때로는 사람들로 하여금 음란하고 무례한 행동을 유발하기도 하고, 실생활에서는 행해질 수 없는 부분까지도 허용될 것이라는 착각을 불러일으킬 수 있다. 따라서 통신 상에서 글을 게재하거나 메일을 띄울 때, "나는 지금 사람의 얼굴을 마주하고 이야기하고 있는가?"라는 질문을 스스로에게 던져볼 필요가 있다.

다시 말해 본 원칙이 기본적으로 지향하는 바는 가상공간에는 보이지 않는 실제 사람들이 존재함을 명심해야 한다는 것이다.

실생활에서 대부분의 사람들은 어떠한 처벌 혹은 적발의 두려움 때문에 그런대로 법을 준수하게 되지만, 가상공간 상에서는 윤리 기준이나 인간적인 행동규범의 적용을 덜 받는다고 생각하기 쉽다.

만일 사이버 공간에서의 윤리적인 딜레마에 빠질 경우 실생활에서 지켜지는 규범을 참고하여 적절한 해결책을 찾는 것이 바람직하다.

네티켓은 해당 영역마다 다양하다는 것을 알아야 한다. 어떤 영역에서는 이상적으로 허용되는 것이 타 영역에서는 몹시 무례하다고 판단될 수 있다. 이처럼 서로 다른 영역에서는 네티켓 또한 다르기 때문에 당신이 어느 곳에 접속해 있는지 아는 것은 매우 중요하다. 따라서 가상공간에 새롭게 참여하고자 할 때에는 그 환경을 잘 파악하여야 한다.

채팅하는 것을 들어보거나 게재된 글을 읽어보는 등의 준비를 통해 그 곳에 소속된 사람들과 그들의 생각을 파악하고 나서 참여하도록 한다. 메일을 보내거나 토론그룹에 글을 띄울 때, 다른 사람들의 시간에 대한 충분한 배려가 필요하다. 즉, 글을 읽게 되는 다른 사람들이 시간을 허비하지 않도록 하는 것은 글을 올리는 사람 각자의 책임이다.

특히 시간과 대역폭(사이버 공간 상에서 모든 사람들이 통신 회선과 채널을 통해 정보를 가져오는데 소요되는 용량)을 잘 감안해야 한다. 따라서 어떠한 글을 올리기 전에 다른 사람들이 진정으로 그것을 알고 싶어하는 지 생각해 봐야 하며, 만일 다른 사람들이 원하지 않는 정보라면, 그들의 시간을 빼앗지 않도록 주의해야 한다.

온라인 상에서는 익명성이라는 특성으로 인해 자신의 외양이나 행동보다는 그 사람이 쓴 글의 수준에 따라 평가를 받게 된다. 따라서 글의 내용에 주의를 기울이고 당신이 무엇에 관해 이야기하는 가를 명확히 하는 것이 중요하다.

단락별로 철자나 문법의 오류 없이 완벽하게 글을 쓰는 것은 가능하겠지만, 아무리 그렇더라도 의미가 명확하지 않을 수 있다. 따라서 당신이 쓴 글을 명확하고 논리적으로 만들려는 노력을 해야 한다. 또한 공격적인 언어의 사용을 자제하고, 기분 좋고 정중한 표현을 사용해야 한다. 가상공간의 힘은 바로 참여하는 네티즌의 숫자에 있다.

온라인 상에서 질문을 하면 수많은 지식을 보유한 사람들이 그 질문을 읽게 되고, 그들 중 일부만이 재치 있는 답변을 하게 되더라도 세계의 지식을 모두 모아 놓은 듯한 효과를 가져온다. 내가 아는 무언가를 공유하고자 할 때, 뭔가 남에게 큰 도움이 되지 않을 것이라고 두려워 할 필요는 없다.

특히 내가 질문한 것에 대한 결과를 공유하는 것은 예의 바른 것이다. 당신이 지닌 지식을 공유하는 것은 즐거운 일이다. 이는 네트워크상의 오랜 전통이며, 세상을 좀더 좋게 만들어 주는 역할을 한다.

논쟁은 어떠한 격렬한 감정을 절제하지 않고 강하게 표현할 때 생겨난다. 논쟁은 오랜동안 지속되어온 관행이며, 많은 흥미를 유발시킬 수 있는 요소로 네티켓에서는 이를 허용하고 있다. 하지만 논쟁을 지속시키는 것을 금하고 있다. 논쟁의 시작 단계에서는 많은 사람들의 흥미를 끌 수 있으나, 격렬한 논쟁이 지속될 경우 이에 끼여들고 싶지 않은 사람들은 곧 싫증을 내게 된다. 따라서 지속적인 논쟁은 토론그룹의 분위기를 지배하거나 그룹원간의 우애를 깨뜨릴 수 있으므로 유의해야 한다.

아무리 가상공간 상에서 이루어지는 부분이지만, 다른 사람의 사생활을 존중하는 마음이 없다는 것은 단지 나쁜 네티켓에서 그치는 것이 아니다. 그것은 또한 당신의 일에도 피해를 주게 되므로 전자우편을 비롯한 상대방의 정보를 훔쳐보거나 허가 없이 복사하여 배포하는 등, 타인의 사적인 영역을 함부로 침범해서는 안 된다. 사이버 공간에서 어떤 사람들은 다른 사람들보다 더 많은 권한을 가지는 것처럼 보인다. 다른 사람들보다 좀 더 잘 안다거나 그들이 하는 일 보다 더 많은 지식을 소유한다고 해서 그 들을 이용할 수 있는 권리를 주는 것은 아니므로 이를 남용해서는 안 된다.

누구나 처음엔 인터넷 초보자였다. 따라서 누군가 실수를 할 때에는 그것에 관해 친절을 베풀 줄 알아야 한다. 만일 그것이 아주 사소한 실수라면 그냥 넘기도록 하고, 비록 그것이 크다고 느껴질지라도 정중하게 그것을 지적하도록 한다. 타인의 실수를 지적함에 있어서도 신중하게 다시 한번 생각하도록 하고, 공개적이 아닌 개인적인 메일을 보내도록 한다. 또한 의심이 가는 부분들에 대해 그들이 단지 더 좋은 무언가를 알지 못했다고 가정하고 좋게 해석해 주도록 한다.

02. 통신사용시 지켜야 할 점들

01 | 게시판 예절

(1) 게시판의 글은 명확하고 간결하게 쓴다.

(2) 게시물의 내용에 잘 설명할 수 있는 알맞은 제목을 사용한다.

(3) 문법에 맞는 표현과 올바른 맞춤법을 사용한다.

(4) 다른 사람이 올린 글에 대해 지나친 반박은 삼간다.

(5) 사실 무근의 내용을 올리지 않는다.

(6) 자기의 생각만을 고집함으로써 상대방에게 불쾌감을 주지 않도록 배려한다.

02 | 전자 우편 예절

(1) 자신의 신분을 미리 밝히고 편지를 보낸다.

(2) 불특정 다수에게 홍보, 광고성 메일을 동시에 보내지 않는다.

(3) 한번 전송한 편지는 다시 고칠 수 없으므로 미리 편지를 작성하여 내용을 검토한 후 발송한다.

03 | 공개 자료실 예절

(1) 상업용 소프트웨어를 올리지 않는다.

(2) 음란물을 올리지 않는다.

(3) 공개용 소프트웨어를 올리기 전에는 반드시 바이러스 감염 여부를 점검한 후 올린다.

(4) 유익한 프로그램이나 자료를 받았을 때는 그 자료를 올린 사람에게 감사의 편지를 보내도록 한다.

(5) 공개 자료실에 등록된 자료는 가급적 압축한다.

04 | 전자우편을 사용할 때의 네티켓

(1) 날마다 메일을 체크하고 중요하지 않은 메일은 즉시 지운다.

(2) 자신의 ID나 비밀번호를 타인에게 절대로 공개하지 않는다.

(3) 메시지는 가능한 짧게 요점만 작성한다.

(4) 메일을 보내기 전 주소가 올바른지 확인한다.

(5) 흥분한 상태에서 메일을 보내지 않는다.

(6) 라인 사이마다 공백줄을 두어 크기만 늘리는 식의 메시지 작성은 삼가 한다.

(7) 회신 시 상대방 의견을 직접 인용하여 본문 내에 넣는 것은 삼가고 동의하는 글을 한 줄 정도로 간결하게 회신한다.

(8) 제목은 메시지 내용을 함축하여 간결하게 써야 한다.

(9) 가능한 메시지 끝에 성명, 직위, 단체명, 메일주소, 전화번호 등은 포함시키되 4줄을 초과하지 않는다.

(10) 한 라인의 길이는 너무 길지 않게 작성하고 제어문자는 가능한 쓰지 않는다.

(11) 총 라인 수를 제한한다.

(12) 메일 상에서 타인에 대해 말할 때는 정중함을 지켜야 한다.

(13) 타인에게 피해를 주는 언어(비방이나 욕설)에 각별히 주의한다.

(14) 행운의 편지, 메일 폭탄 등에 절대 말려들지 않는다.

05 | 온라인 대화를 할 때의 네티켓

(1) 마주보고 이야기하는 마음가짐으로 임한다.

(2) 만나고 헤어질 때에는 인사를 한다.

(3) 대화방에 들어가면 지금까지 진행된 대화의 내용과 분위기를 어느 정도 경청하는 것이 좋다.

(4) 리턴키를 치기 전에 한번 더 생각한다.

(5) 동시에 몇 사람과 이야기할 때는 상대방을 혼동하지 않도록 한다.

(6) 지극히 개인적인 논조는 피한다.

(7) 광고, 홍보 등 이름 알리기만을 목적으로 고의로 악용하지 않는다.

(8) 유언비어, 속어와 욕설 게재는 삼가고, 상호 비방의 내용이나 타인의 명예를 훼손시킬 우려가 있는 내용은 금한다.

06 | 메일링 리스트 사용 및 그룹토의 할 때의 네티켓

(1) 개인에게 보내야 할 메일이 리스트 전체에게 가지 않도록 주의한다.

(2) 말머리 제도를 이용한다.(예 긴급, 제안)

(3) 선정적이거나 야한 제목을 무턱대고 써서는 안 된다.

(4) 수신한 메일을 발신자의 허가 없이 메일링 리스트나 유즈넷에 재전송 하는 것은 예의에 벗어난다.

(5) 기존에 FAQ를 파악하여 같은 질문을 던지지 않도록 해야 한다.

(6) 리스트 관리자가 제시한 지침이나 네티켓 표준을 따르도록 한다.

(7) 각국의 다양한 멤버를 고려해 극히 지역적인 표현은 삼간다.

(8) 토의 주제나 리스트 주제와 상관없는 초점에 벗어난 질문이나 코멘트는 하지 않는다.

(9) 여러 그룹과 동시에 메시지를 주고받을 때는 상단에 사과 내용과 함께 그룹명을 표시한다.

(10) 메시지 발송 시 자신의 메일 계정을 사용하도록 하고, 조직 내에 공통 계정의 사용은 피한다.

07 | 웹(WWW) 문서를 작성할 때의 네티켓

(1) 문서상에 매우 큰 그래픽 이미지를 넣지 않는다. 불가피하게 넣어야 할 경우 그림명과 사이즈를 표시하고, 이를 선택할 경우만 액세스 할 수 있도록 한다.

(2) 비디오나 오디오 파일을 포함시킬 경우 파일 크기를 미리 알려 사용자가 미리 다운로드 시간을 추측할 수 있도록 배려한다.

(3) URL은 표준 표기를 따르도록 하고, 자주 바꾸는 것을 삼간다.

(4) HTML 문서 하단에 작성자 전자우편 주소를 넣어, 사용자와의 대화의 창을 열어두는 것이 네티켓이다.

(5) 문서 작성자는 최소한 일주일에 한번 이상은 갱신해야 하며, 항상 최신 수정한 일을 문서 내에 포함시켜 그 문서가 계속 운영되고 있음을 알려주는 것이 좋다.

(6) 자신의 고유한 저작물에 대해서는 상표나 저작권을 반드시 기재하도록 한다.

(7) 사용자가 원하는 정보에 접근하기 위해 너무나 많은 화면을 거치지 않도록 한다.

08 | 원격접속(Telnet)이나 파일 전송(FTP)을 할 때의 네티켓

(1) 원격 접속 시 대부분 호스트의 첫 화면에서 뿌려주는 공지 사항을 간과해서는 안된다.

(2) 자료를 다운로드 받을 때는 개인 PC의 하드 드라이브나 USB에 한다.

(3) 원하는 문서 파일을 다운로드 받으면 시스템에서 로그아웃 한 후 오프라인 상태에서 그 내용을 주의깊게 읽어본다.

(4) anonymous FTP를 사용할 때는 패스워드에 자신의 전자우편 주소를 정확히 기재한다.

(5) 자료를 올릴 때는 그 자료와 동일한 파일이 있는지 살펴보고, 자료에 버그나 바이러스가 있는지 사전에 검색해서 올린다.

(6) 공용 디렉토리를 이용하게 될 경우 이 디렉토리 밑에 자신의 사용자 이름으로 디렉토리를 만들어 쓰는 것이 바람직하다.

(7) 자료 다운로드 시 저작권이나 상표 동의 여부를 반드시 확인한다.

(8) 욕설이나 빈정대는 말은 하지 않는다.

(9) 다른 사람을 비방하지 않는다.

(10) 같은 내용의 말을 한꺼번에 계속 반복해서 치지 않는다.

(11) 초보자가 들어올 경우 천천히 기다려주며, 친절하게 가르쳐 준다.

(12) 대화실에서 나올 때는 반드시 인사를 하고 빠져 나온다.

09 | 게이머를 위한 네티켓

(1) 함부로 반말을 하지 않는다.

(2) 욕설, 비방을 하지 않고, 바른 말을 사용한다.

(3) 게임도 스포츠의 한 종류로 생각하고 정정당당한 자세로 임한다.

(4) 같이 게임하는 상대방을 존중한다.

(5) 게임 종료 후 이기고 짐에 상관없이 정중히 인사한다.

Chapter 5 대화예절

section 01 대화예절의 의의

01. 대화의 중요성

직장인에게 가장 중요한 것은 인간관계이다. 다른 사람들과의 협동과 교섭은 직장 생활에서 반드시 필요하며, 먼저 원활한 의사소통이 전제되어야 하고 의사소통의 기본은 대화이다.

대화를 할 때는 상대에 따라 호칭과 말씨가 달라져야 하고, 표현 의사에 따라 말 쓰임이 달라져야 한다. 특히 여러 사람들이 모여 일하는 직장에서는 윗사람이든 아랫사람이든 대화의 예절을 잘 지켜야 인간관계가 원활해지며, 그럼으로써 업무가 보다 효율적으로 수행될 수 있다.

대화 예절에서 우선 갖추어야 할 것은 고운 말과 바른 말씨이다. 대화를 할 때는 상대방의 입장에서 생각하는 자세가 선행되어야 하고, 처지를 바꾸어 생각한다는 '역지사지(易之思之)'라는 말이 곧 대화를 할 때 갖추어야 할 마음가짐의 중요한 부분이다.

02. 대화시 필요한 자세

01 | 이야기의 시작과 끝이 논리 정연

줄거리 없이 이것 저것 이야기를 꺼내다 보면 상대방을 혼란과 곤혹에 빠뜨리게 되고 결국에는 의사가 제대로 전달되지 않게 된다.

02 | 처음부터 끝까지 분명한 목소리

말끝을 흐리거나 우물쭈물하면 의사가 정확히 전달되지 않을뿐더러 상대방으로부터 신뢰를 얻지 못할 수도 있다.

03 | 말의 속도를 적절히 유지

한꺼번에 많은 말을 하기 보다는 상대가 잘 받아들일 수 있도록 차분하게 적정 속도로 대화를 이어가도록 한다. 대화를 진행할 시에는 지나치게 빠르지 않고, 지나치게 느리지 않은 속도를 유지하는 것이 좋다.

04 | 대화란 상대가 누구이든 상대를 이해하고 다가가려는 자세

상대방의 말이 마음에 들지 않거나 받아들일 수 없는 것이라 할지라도 딴청을 하고 비아냥거리는 등 성실하지 못한 자세를 보여서는 안되고, 상대방에게 불쾌한 인상을 주면 상대방도 대화할 때의 예의 따위는 무시하게 될 것이다.

05 | 상대방이 말하는 내용을 충분히 이해하지 못한 경우

정중히 다시 물어서 확인해야 한다. 대화의 내용을 분명히 알아두어야 할 필요뿐만 아니라 나중에 오해의 소지가 없도록 해야 하기 때문이다. 직장 사회에서 "말했다.", "말하지 않았다." 식의 분쟁은 뜻밖에도 자주 일어난다. 한 번 그런 일이 있게 되면 당사자끼리의 의사 소통과 인간 관계 회복은 상당한 노력을 필요하게 된다.

03. 음성관리의 세 가지 요소

말은 내가 얼마든지 노력하면 쉽게 바꿀 수가 있다.

(1) 우물우물 말하지 말고 또렷하게 발음을 하는 습관을 들인다. 혼자 입에서 중얼중얼 하는 말은 습관이 되면 고치기가 힘들기에 정확한 표준말을 쓰려고 노력한다.

(2) 너무 빠르게 말하지 말고, 그렇다고 답답하게 늘어뜨리며 말해서도 안된다. 적당한 속도는 듣는 사람을 편하게 해주고 보기에도 좋다.

(3) 말은 맛이 있어야 한다. 그냥 밋밋하게 하면 듣는 사람이 지루하므로 알맞은 제스처나 때에 따라서는 강조를 하며 강약을 조절해서 말을 하면 훨씬 생동감이 있다. 말은 해야 늘게 되고 노력하면 얼마든지 바꿀 수가 있다.

04. 매력있는 대화 예절

(1) 자연스럽게 표현하고 상대편이 알아들을 수 있는 말로 한다.

(2) 겸손하고 공손한 자세로 말한다.

(3) 유머스러운 표현은 인기를 끌기가 좋다.

(4) 침이 튀기지 않게 말한다.

(5) 눈은 상대방의 얼굴을 바라보며 관심을 가진다.

(6) 표준어를 쓰도록 한다.

(7) 거짓말은 언젠가는 밝혀지니 진실을 말한다.

(8) 평소에 독서를 많이 해서 지식을 넓힌다.

(9) 밝은 표정 눈빛은 상대를 기분좋게 해준다.

(10) 말을 들을 때는 공감, 즉 대답을 해 주면 좋다.

(11) 되도록 말은 너무 많이 하면 손해다.

(12) 발음은 정확히, 속도는 적당하게 한다.

05. 성공하는 사람의 대화방법

(1) 불평, 불만을 함부로 말하지 않는다.

(2) 혼자 독무대를 하여 다 말하지 않는다.

(3) 욕설, 독설, 험담은 하지 않는다.

(4) 남의 말에 쉽게 흥분하지 말고 끝까지 잘 듣는다.

(5) 아무때나 자기 신세 타령을 하지 않는다.

(6) 거짓말은 언젠가는 밝혀지니 진실을 말한다.

(7) 농담, 유머 등은 상황에 맞게 해야지 시도 때도 없이 하지 않는다.

(8) 자신이 확실히 아는 것을 이야기 한다.

(9) '아무거나'라는 것보다 자기의견을 확실히 말한다.

(10) 매사 함부로 결론내리지 않는다.

(11) 흑백논리, 즉 '꼭 이거 아니면 안된다'는 생각을 버린다.

(12) 일부를 보고 전체를 속단하지 않는다.

(13) 도전적이고 상대방을 당황하게 하는 말을 삼가한다.

(14) 남을 욕하는 말은 하지도 말고 듣지도 않는다.

(15) 상대방의 약점을 함부로 말하지 않는다.

(16) 말을 하면서 딴청을 하거나 들으면서도 딴 일을 하지 않는다.

(17) 남의 얘기 도중에 끼어들지 말고 끝까지 듣는다.

(18) 불친절한 말은 다른 사람의 마음을 상하게 한다.

(19) '나는 잘 안돼'라고 하지 말고 '할 수 있다'라고 말한다.

06. 대화를 잘 하는 방법

대화를 잘 하기 위해서 가장 중요한 것은 대화를 하는 사람, 대화에 참여하는 사람, 대화의 주제, 대화의 기술, 피드백 등이 가장 중요하다. 이와 같은 요소들은 대화의 주요 품질을 결정하는데, 대화를 하는 것은 물론 말을 하는 사람과 듣는 사람이 존재하며 서로 이야기를 주고 받을 때에는 대화의 내용이 존재하기 때문에 이들 요소는 가장 중요한 요인이 된다.

첫 번째로 주의를 기울여야 하는 것은 말을 하는 사람은 항상 듣는 사람을 염두에 두고 배려하는 대화를 해야 하는 것이다. 말을 하는 사람은 상황과 상대와 어울리는 적절한 주제를 선택하여 대화를 하고 대화를 하는 중에도 상대에 대한 예의를 갖추어 대화를 이어나가야 한다.

두 번째로 주의를 기울여야 하는 것은 듣는 사람은 말을 하는 사람을 항상 배려하는 마음으로 경청을 하고, 관심을 기울이는 태도를 보여야 한다는 것이다. 상대와의 즐거운 대화 혹은 중요하고 신중한 분위기의 대화 속에서 상대에게 주의를 기울이지 않고 상대의 대화 내용을 기억하지 못하는 것은 예의에 어긋나는 일이 된다. 즉 상대방과 대화를 할 때에는 시선은 상대방에게서 돌리지 않아야 하고 상황에 맞는 표정과 행동을 취하는 것이 좋다. 만약 상대를 바로 응시하는 것이 불편한 경우는 상대의 코 혹은 목 아래 부분 즉, 넥타이 부분을 응시하면 불편함과 긴장을 덜 수 있다.

세 번째로 주의를 기울여야 할 것으로 가장 중요한 것은 이 대화에서 말을 하는 사람과 듣는 사람의 사이에 잘 어울리는 주제의 대화가 오가고 있는가 하는 것이다. 하여 적절한 주제를 선택하는 것 또한 대화를 잘 하기 위해 중요하다.

네 번째로 주의를 기울여야 하는 것은 대화의 기술이다. 대화의 기술이란 말하는 사람과 듣는 사람은 각자의 말하고자 하는 바와 듣는 사람의 의견 및 감정 등을 얼마나 잘 발견하여 맞추어 갈 수 있는가 하는 것이다.

다섯 번째로 중요한 것은 피드백이다. 들은 내용을 재확인 하는 과정을 통해 대화에 집중하고 있음을 보여주는 것이다. 대화를 할 때에는 현재 대화를 하고 있는 주제를 잘 알고 상대방의 말에 반응을 보여야 대화가 순조롭게 이어진다. 대화를 할 때 위의 5가지에 주의를 기울이고 노력한다면 대화를 잘 이어나갈 수 있다.

07. 상대방에 따른 대화방법

상대에 따라 대화방법도 다양하다. 상사, 부모님, 친구 등 상대에 따라 갖추어야 할 대화 예절과 태도는 다르므로 잘 알고 갖추어 나가야 한다. 우선 상사와의 대화 시 가장 주의해야 할 부분은 상사에 대한 존중하는 마음을 갖추고 대하는 것이다. 동료 사이에서는 '~씨'를 붙여서 호칭하지만 상사에게는 항상 직함에 '~님'을 붙여서 호칭한다. 또한 자신과 상사의 의견이 다를 때에는 상사의 의견을 무시 하는듯한 태도, 무조건 적인 반박을 보이는 태도는 삼가고 겸손하게 자신의 의견을 전달하는 것이 좋다. 비즈니스와 직장은 개인이 아닌 조직의 목표를 위해 각 개인의 협력이 필요한 곳이므로, 사소한 언행으로 문제가 생기기 쉬운 곳이다. 상사 뿐 아니라, 각 개인은 자신의 동료 및 부하를 대할 때에도 서로를 존중하는 마음을 갖고 대한다면 예절은 저절로 따라오는 것이다.

처음 만나는 사람과 대화를 하는 경우는 먼저 통성명을 하는데, 한국에서는 주로 명함을 먼저 주고 받는다. 그러나 명함을 주고 받는 타이밍은 국가의 문화별 차이가 있을 수 있으므로, 외국인들과 대화를 할 때에는 주의하도록 한다. 이 후 비즈니스의 목적으로 만나게 된 경우에도 통성명 후 바로 주요 대화로 이어가기 전에 간단하게 서로 긴장을 풀어줄 수 있는 대화를 먼저 시작하는 것이 좋다. 예를 들면 옷차림이나 이미지에 대한 칭찬, 날씨, 서로 유사한 취미 등과 같은 부분이 될 수 있지만, 실제로는 이보다 더 다양하다. 비즈니스의 목적이 아닌 만남에서의 대화는 서로의 공통점을 찾아 상대를 지루하지 않도록 배려하고 관심을 표시하는 태도가 필요하다. 이때 대화에는 적절한 표정과 제스처로 주의를 기울이고 있으며 대화에 관심이 있는 태도를 보여주는 것이 좋다.

부모와 자녀와의 대화 시 비즈니스, 첫 만남 등과 같은 상황보다 훨씬 편안한 대화를 하게 되는데, 지나치게 편안하게 여기게 되어 서로에게 상처가 되는 언어 등을 사용하고 있는 것은 아닌지 항상 주의할 필요가 있다. 예를 들면 부모가 자녀에게 명령식의 대화, 경고 위협적 대화, 설교식의 대화, 비교하기식의 대화 등과 같은 방법은 자녀에게 상처를 주거나 자신감을 떨어뜨리게 될 수 있으며, 지루한 분위기로 인해 대화의 진전이 생기지 않는 상황이 발생할 수도 있으므로 삼가는 것이 좋다. 또한 자녀도 부모님께 대화를 할 때에는 지나치게 자신의 감정에만 치우쳐 있지 않도록 주의하며, 항상 언행이 지나치지 않는지 경계해야 할 필요가 있다.

친구와의 대화는 편안한 분위기에서 이어지게 되는데, 친구와의 대화에서도 서로 기본적인 예의는 지켜주며 대화를 이어나가는 것이 좋다. 친구와 대화가 이어질 때에도 사소한 부분으로 서로의 감정을 상하지 않도록 하기 위해서는 상대를 존중하고 배려하는 마음을 기억하여야 한다. 상대를 적절히 응시하고, 말에는 반응을 보여주며 관심을 기울여 가며 서로 편안한 분위기의 대화를 할 수 있도록 한다.

08. 대화주제로 적정한 것들과 피해야 할 것들

대화를 해나가는데 어색함이 없으려면 대화의 주제 선택이 매우 중요하다. 대화주제에도 상대방에 따라 적정한 주제가 있으며, 피해야 할 주제로 나뉘어지는데 처음 만나는 사람과 대화를 이끌어 나가려면 대화의 관심사가 공통적인 것이 좋다. 서로의 공통적인 관심사로서 취미, 서로 직업이 유사할 경우에는 직업에 관한 내용, 서로의 고향 혹은 각자의 여러 가지 기호 등이 있다. 실제 대화에서 오갈 수 있는 대화의 주제는 이보다 더 다양하며, 서로가 알고 대답을 할 수 있는 부분을 빠르게 발견하여 대화를 이어나가면 된다. 그러나 피해야 할 주제를 찾아보면 서로의 경제적인 상황을 묻는 질문 혹은 내용은 실례가 되어 함부로 묻지 않는 것이 좋다. 또한 친밀함의 정도에 따라서 개인적인 부분들은 실례가 되기도 하고, 그렇지 않은 경우도 있으므로 질문 혹은 대화를 할 때에는 상대와 자신의 관계와 친밀도를 잘 고려한 후에 대화의 주제를 신중히 선택하는 것이 좋다. 또한 자신의 과시, 타인을 인정하지 않는 태도와 말투, 지나친 정치색, 종교 등에 관한 대화는 되도록 삼가는 것이 좋다. 위와 같은 대화의 내용은 타인에게 좋지 않은 이미지로 남을 수 있으며, 자칫 잘못하면 언쟁이 발생할 소지가 있기 때문이다.

section 02 대화 실무

01. 대화 중 듣기

"사람을 움직이는 가장 중요한 무기는 입이 아니고 귀다"라는 말과 같이 사람은 누구나 자기의 말을 잘 들어주기를 바란다. 그 만큼 대화시 듣는 자세가 중요하다. 상대방을 정면으로 바라보고 시선을 자주 마주친다.

또한 팔짱을 끼거나 다리를 꼬지 않고 예의에 어긋나지 않으면서 되도록 편안한 자세를 취한다. 상대방 쪽으로 가끔씩 몸을 기울이며 자연스럽게 맞장구를 친다.

02. 대화 중 말하기

말은 자기 자신의 표현이며 자기마음의 표현이다. 아무리 좋은 생각이나 의견도 적절한 언어로 표현하지 못하면 소용이 없다. 대화를 할 때에는 간결하고 분명하며, 상대를 배려한 자신의 언어, 밝은 표정으로 상황이나 상대에 따라 다른 목소리의 크기와 태도, 언어의 속도 등을 조절하며 대화를 한다.

상대의 눈을 주시하면서 상대방이 알아듣기 쉽게(전문용어나 외래어 사용은 피한다)말한다. 지시명령형, 훈계설교형, 취조탐색형, 단정평가형의 말씨는 피한다.

업무와 관계된 이야기는 결론부터 말한다. 이는 서로의 바쁜 시간을 생각하는 일종의 배려이다. 최대한 간결하고 분명한 이야기로 상대의 시간을 많이 빼앗지 않도록 한다. 또한 남의 말을 도중에 끊는 것은 매우 큰 실례가 되니 주의해야 한다.

잘못한 부분은 솔직히 받아들이며 그 즉시 사과하는 것이 좋다. 또한 부정적인 대답을 해야할 경우에는 적절한 이유를 들어 설명하되 직접적으로 '안된다.'는 표현은 삼가도록 한다. 또한 불확실한 표현은 사용하지 않고 되도록 분명하게 말을 하도록 한다. 예를 들어 "~같아요, 그런것 같아요, 글쎄요." 등과 같은 말 대신 "~입니다." 와 같이 분명한 언어를 사용하면 자신의 언어에 신뢰가 갈 수 있다.

03. 대화 중 호칭 사용

호칭은 상대방을 존중하는 마음으로 지위나 입장에 맞게 사용한다. 상사의 경우 성(이름)과 직위에 "님"자를 붙인다. 상사보다 더 높은 사람과 대화할 때는 자기 상급자를 "○○○부장"이라고 표현한다.

하급자나 동년배나 연하일 경우 예를 들면 '김과장, 홍길동대리, 이순신씨'라고 호칭한다. 동료가 연장자일 경우 "님"을 붙이는 것이 좋다. '박주임님'이라고 호칭한다.

여직원인 경우 "미스"나 "양"을 붙여 부르는 것은 좋지 않다. 이름에 "씨"를 붙여 '○○○씨'라고 호칭한다.

기타 호칭에는 '당신'이라는 호칭이 있는데, 당신은 본래는 존칭이긴 하지만 직장 내에서는 상대방에게 불쾌감을 줄 수 있으므로 하급자일지라도 사용하지 않는다.

또한 '자네'라는 호칭은 친한 친구나 나이 차이가 많은 경우 외에는 사용하지 않는다. 그리고 '씨' 또한 비슷한 나이의 남녀사원 간, 동료, 부하사원에게만 사용한다.

04. 적절한 표현법

부적절한 표현	적절한 표현
이름	성함
오다	오시다
보다	보시다
나이	연세
있다	계시다
하다	하시다
내가	제가
주다	드리다
드리다	여쭈어보다
몰라요. 모르겠는데요?	모르겠습니다.
누구예요?	누구신지요?

고마워요	고맙습니다
좀 기다리세요	잠시만 기다려주시겠습니까?
자리에 없는데요	자리에 안계십니다
안됩니다	곤란합니다
다시 전화하세요	다시 전화주시겠습니까?
네 알았어요	네 알겠습니다.
먼저 갈께요	먼저 가보겠습니다
같이 온 사람	같이 오신 분

05. 대화중 하지 말아야 할 행동

(1) 대화시 주위를 두리번거린다.

(2) 상대방을 뚫어지게 처다본다.

(3) 상대방이 꺼리는 화제도 서슴치 않는다.

(4) 과장된 제스처로 열을 올린다.

06. 소개예절

소개를 통해서 지금까지 알지 못했던 사람들과 친해지고 서로 얘기를 나눌 기회가 생기는 것이므로 소개자는 공통의 화제를 찾아 얘기의 실마리를 엮어 나가도록 마음의 배려를 하는 것이 필요하다.

01 | 소개를 할 때

(1) 순서

① 사회적인 지위가 다른 경우

지위가 낮은 편을 지위가 높은 분에게 먼저 소개한다.

② 연령이 다른 경우

연령이 낮은 편을 연령이 높은 분에게 먼저 소개한다.

③ 연령과 사회적 지위가 각각 다른 경우

일반적으로 사회적 지위를 우선하여 지위가 낮은 편을 지위가 높은 분에게 먼저 소개한다.

④ 남성과 여성의 경우

이성간에는 남성을 여성에게 먼저 소개하고, 다만 남성이 연장자이고 사회적 지위도 높은 경우에는 여성을 남성에게 먼저 소개하는 것이 자연스럽다.

⑤ 같은 나이, 같은 지위에 있는 동성인 경우

소개하는 사람과 친한 쪽을 먼저 소개한다.
같은 여성인 경우 미혼자를 기혼자에게 먼저 소개한다.

⑥ 동료직원과 손님의 경우

동료직원을 손님에게 먼저 소개한다.

⑦ 한 사람이 많은 사람을 소개하는 경우(그룹 소개)

일반적으로 좌측에서부터 차례로 한사람씩 소개한다.
특별히 지위나 연령이 높은 사람이 있으면 먼저 소개한다.

(2) 유의사항

① 외부인에게 윗사람을 소개할 때

"○○○지점장님이십니다." "○○○대리님입니다" 등 높임말을 쓰지 않는다.

② 소개할 때 소갯말

"○○씨, 소개하겠습니다. 이쪽은 꽂꽂이 실력이 보통이 아닙니다."라는 식으로 그 사람의 특징을 담아 소개하면 좋다. 인상을 강하게 해주고 소개 효과도 커진다.

③ **소개할 때 인사말**

"안녕하십니까?" 또는 "잘 부탁드립니다.", "처음 뵙겠습니다." "뵙고 싶었는데 반갑습니다.", "ㅇㅇ에게서 말씀 많이 들었습니다."

④ **소개할 때나 소개받을 때**

자리에서 일어선다.

⑤ **소개 순서**

소개하는 사람의 성명, 소속, 직위 등을 간단 명료하게 먼저 말하고, 이어서 소개자의 경력과 인물평가 등을 함께 소개한다.

02 | 소개를 받을 때

소개를 받을 때에는 소개받는 사람, 소개하는 사람 모두 일어서서 인사를 한다. 앉은 채로 인사를 하는 것은 예에 어긋나는데, 여성이 남성을 소개받을 때에는 반드시 일어서지 않아도 된다. 특히 나이가 많은 여성, 앉아있던 여성은 앉아있는 상태로 남성을 소개받아도 결례가 되지 않는다. 소개를 받은 사람은 소개한 사람의 이름을 정확히 기억해 두고 대화에 참여하는 것이 예의이다. 만약 상대방의 이름이 분명히 기억나지 않는 경우에는 다른 사람을 통해 조용히 확인한다.

소개를 받을 때 주로 통성명을 하거나 명함을 주고 받는데, 명함을 받은 경우에는 자신의 명함지갑에 넣어 깨끗이 보관한다. 그러나 테이블에 앉아 함께 대화를 하는 경우에는 자신의 앞에 명함을 바로 놓고 이름과 직함을 확인하며 대화를 이어나가는 것이 좋다.

항상 각 개인은 비즈니스 업무 시, 파티 장소, 소개 장소 등과 같이 타인과의 교류가 있는 장소에서는 항상 자신의 명함을 명함 지갑 혹은 명함 케이스에 보관하고 가지고 다니는 것이 좋다.

처음 소개받은 사람은 서로의 대화에서 날씨, 예술, 여행, 스포츠 등과 같이 가벼운 주제를 선택하여 대화를 이어나가며, 정치, 종교, 금전 등과 같은 주제는 피한다.

Chapter 6 파티예절

section 01 파티의 의의

01. 파티의 정의

파티는 사전적 의미로 친목 도모와 기념일을 위한 잔치나 사교적인 모임이다. 광의의 의미로는 네트워크를 형성하고 유지하는 등 다양한 대화를 통해 즐거움을 나누는 광의라고 할 수 있다. '파티'는 사교, 친목 등을 목적으로 한 모임을 의미한다. 이와 비슷한 의미의 '사교'는 사람들을 만나는 행위를 의미하며, '잔치'는 경사가 있을 때 음식으로 손님을 대접하는 것으로 '연회'라고도 한다.

02. 파티의 유래

인류의 탄생 후 집단생활을 시작하게 되면서 자연스럽게 다함께 모여 식사를 하거나, 자연에 제를 지낸다거나 하는 형식의 모임이 생겨나게 되었다. 우리가 현대사회에서 '파티(Party)'라고 하는 것은 바로 이러한 인류의 활동을 기록으로 남겨둔 벽화 혹은 고서에서 그 유래를 추측할 수 있다.

이러한 인류의 식생활은 점차적으로 인간을 인간답게 하는 일종의 문화가 되었으며, 자신이 속한 집단에서 결속력을 강화시켜주는 매개가 되었다. 집단에 속한 각 개인의 강한 결속력과 서로의 동질감은 서로를 공동체로서 인식하게 하였으며, 이는 집단의 식생활 문화를 다양한 목적과 의미를 담은 파티의 형태로 나타나게 되는 시발점이 된 것으로 본다.

이 후 인류의 식생활 문화는 고대 문명을 통해 발전되기 시작하였으며, 점차 대규모의 시설과 장소를 갖춘 연회의 형태로 진행되기 시작하였다.

한국에서도 파티의 유래를 엿볼 수 있는데, 고조선 이후 부족국가의 시대로 접어들면서 하늘에 제를 지내거나, 다양한 민속축제가 생겨나기 시작하였는데, 동예의 '무천(10월)', 부여의 '영고(12월)', 삼한의 '상달(10월)' 등은 풍년을 감사하는 의미에서 고사를 지내거나 축하하는 의미의 축제이다. 이 후에도 다양한 고분벽화 혹은 고서 등을 통해서도 이러한 형태의 모임이 점차 발전되어 왔음을 확인할 수 있다.

03. 파티의 종류

01 | 테이블 서비스 파티, 정찬 파티(Table Service Party)

주로 격식을 갖춘 행사로 많은 비용이 수반되는 파티이다. 주로 공식적인 목적 혹은 사교적인 목적으로 개최되며, 테이블에서 식사를 할 수 있도록 준비된 형식의 파티이다. 이러한 행사에는 연미복이나 턱시도를 입어야 하지만 비공식적 행사에서는 단정한 평상복을 입고 참석해도 무관하다. 도착시간은 행사가 시작되기 10분전에 도착하는 것이 예의이며, 식전 파티장에서 만나는 사람들과는 미리 인사를 나누는 것이 좋다. 시간에 따라서 조찬(Breakfast)과 오찬(Luncheon)으로 나뉘어 지는데, 조찬(Breakfast)은 아침 식사로서 7시에서 10시 사이에 이루어진다. 형식은 주로 조식 뷔페로 이루어지거나 간단한 아침식사가 서브되는 경우도 있다. 오찬(Luncheon)은 점심 만찬으로 일반적으로 12시에서 2시 사이에 이루어지는 공식적인 점심 식사 모임으로 볼 수 있다. 이때 초청된 사람들은 정해진 시간보다 15분 일찍 도착하는 것이 좋다.

02 | 티 파티(Tea Party)

다른 말로 다과회라고도 하며, 주로 간단한 케이크, 과일, 샌드위치 등과 핑거푸드를 준비하며 이와 함께 간단한 차를 제공한다. 주로 간단한 간식과 음식, 차를 준비하고 손님을 초대하는 소규모의 파티이다. 호텔에서 준비되는 티파티는 이와는 약간 다르게 장시간 강연이나 회의가 이어지는 경우 쉬는 시간 동안 준비되는 파티의 일종으로 보기도 한다.

03 | 가든 파티(Garden Party)

개인이 소유하고 있는 정원이나 경치가 좋은 야외의 공간에서 개최되는 파티를 말한다. 야외에서 파티가 진행되기 때문에 경치를 감상하며 파티에 참여할 수 있지만, 가든 파티를 개최할 시에는 날씨에 미리 유의해야 할 필요가 있다. 공식파티일 경우 모닝 코트와 실크 모자를 갖추는 것의 예의이지만, 약식일 경우 깔끔한 슈트차림에 흰 장갑을 갖추는 정도가 적당하다.

04 | 칵테일 파티(Cocktail Party)

칵테일 파티는 칵테일 리셉션(Cocktail Reception)이라고도 하며, 여러 종류의 주류와 간단한 핑거푸드 혹은 전채요리를 곁들여 스탠딩 형식으로 진행되는 파티이다. 칵테일 파티는 초청된 사람들이 파티장 내에서 움직임이 다소 자유로우며 서로 자연스럽게 대화를 나눌 수 있다. 사교적인 모임으로서 복장에 제한을 받지 않는 편이다. 주로 칵테일 파티는 식전에 간단히 진행되는 경우 약 30분 가량 진행되며, 풀 리셉션 파티(Full Reception Party)의 형식으로 진행되는 경우 약 2시간 가량 행사가 진행된다. 식전에 진행되는 파티의 경우 행사가 시작되고, 본격적으로 식사가 제공되기 앞서 음식은 간단히 먹는 것이 좋으며, 풀 리셉션의 행사에 제공되는 음식은 식사를 대체할 수 있는 음식이 핑거푸드의 형식으로 제공되는 편이다.

05 | 뷔페 파티(Buffet Party)

뷔페는 클로즈 뷔페(Closed Buffet)와 오픈 뷔페(Open Buffet)로 나뉘어 지는데, 클로즈 뷔페(Closed Buffet)는 일반적으로 손님을 초청하고 진행되는 파티의 경우 해당되는데, 적정 인원 만큼만 음식을 준비해 둔다. 오픈 뷔페(Open Buffet)는 손님을 위해 준비하는 음식의 양에 제한을 두지 않는 경우인데, 주로 레스토랑에 적용되는 형식이다. 뷔페 파티에 초청된 손님들은 음식을 3~4회에 걸쳐 코스요리 제공 순서(전채, 수프, 샐러드, 주요리, 디저트)로 나누어 먹는 것이 좋다. 음식은 접시가 마련된 곳에서 시계방향으로 접시에 덜어가는 것이 좋다.

06 | 기타 형식의 파티

(1) 바비큐 파티(Barbecue Party)

별다른 프로그램 없이도 맛있는 음식과 고기, 술만 있으면 그대로 파티가 된다는 것이 장점으로 그런 만큼 장소 선택과 음악 등이 중요하다. 엠티 가서 화로에 목살 구우며 한잔 해본 경험이 다들 있듯이 그것이 바비큐 파티이다

(2) 파자마 파티(Pajama Party)

파자마라는 드레스 코드를 부각시킨, 말하자면 잠옷 바람으로 즐기는 파티로 유독 여성이 이 파티를 선호하며, 밤새 수다 떨면서 이야기를 나누는 것이다.

(3) 샤워 파티(Shower Party)

많은 양의 선물이 소나기처럼 쏟아진다고 해서 붙여진 이름이다. 결혼을 앞둔 신부에게 친구들이 선물을 주는 파티를 '브리달 샤워 파티'라고 하며, 곧 태어날 아기의 탄생을 축하하기 위해 부부 또는 친지들이 모여 아기에게 선물하는 파티를 '베이비 샤워 파티'라고 한다.

section 02 파티의 매너

01. 파티 매너

01 | 파티의 종류 결정

(1) 시간과 장소

공식적인 행사를 비롯하여 모든 행사는 주말과 공휴일을 제회한 평일 오후의 시간으로 하는 것이 바람직하다.

(2) 참가자 결정

남과 여는 동등한 수로 초대하고, 초대받은 커플은 참석도 함께, 불참할 때도 함께 하는 것이 좋다. 부득이하게 남과 여를 동등하게 맞출 수 없다면 남자의 수게 많게 한다.

(3) 손님 선정

초대되는 손님들의 수준을 비슷하게 맞추는 것이 좋으며 주빈은 따로 공손하게 초청해야 한다.

(4) 보충 참가자

예상치 못한 결원이 발생 시에 즉시 자리를 채우는 사람으로 대기자 명단에 올린다. 공식 행사의 경우 직원을, 개인 행사의 경우 가족을 보충참가자로 정한다.

02 | 초대장 보내기

보내는 사람은 정식 초대장을 직접 손으로 쓰는 것이 원칙이나, 요즘은 인쇄된 초청장과 모바일 초청장을 사용하는 경우가 많은데 약식 초대장이라고 하더라도 첨언이나 서명정도는 자필로 써서 보내는 것이 좋다. 초대장의 내용을 3인칭으로 사용해야 하며, 가운데에 정렬시켜 내용이 확 띄게 만들어야 하며, 대부분의 경우 파티일 2주전에 도착하도록 해야 한다.

받는 사람은 편지에 R.S.V.P(프랑스어 répondez s'il vous plaît(please reply)를 줄인 것) 에 따라 기재된 날짜까지 참석여부를 호스트에게 알려주어야 하고 regret only는 부득이하게 불참하는 경우에 호스트에게 알려주어야 한다.

03 | 초대장 형식

(1) 비격식 초대장

초대주체와 초대대상과 함께 초대목적, 장소 및 일시, 손님들의 복장 규정(대규모 연회인 경우), 참석 여부 최종 통고일자, 약도 등이 들어가야 한다.

(2) 격식 초대장

초청자의 이름과 함께 초대받은 사람의 칭호와 이름, 초대목적, 행사 일시, 개최장소, 복장 규정, 참석여부의 통고일자, 약도, 주차 가능 여부, 교통수단 이용시 정류소 명칭과 교통 연결방법 등이 들어가는 것이 좋다.

04 | 시간약속

파티를 여는 장소가 공공장소라면 조금 일찍 도착해도 무관하나 가정에서 치르는 파티라면 일찍 도착하는 것이 실례가 될수 있다. 파티의 마지막 손질이나 화장을 하느라고 바쁜 여주인을 곤란하게 할 수도 있기 때문이다. 그러므로 빨라도 5분전, 늦어도 10분 이상을 넘지 않도록 한다. 부득이 늦는 경우에는 먼저 호스트에게 양해를 구하는 것이 예의이며, 주인은 늦은 손님에게 미리 제공되었던 음식은 생략하고 앞으로 나올 음식만 대접해도 무방하다.

05 | 파티에 참가할 때의 복장

일반적인 친구끼리의 파티라면 평상복 차림으로 참석해도 무방하나 특정한 사람을 위한 파티라면 다소 격식을 갖춘 복장을 해야 한다.

격식 있는 파티의 안내장에 '블랙타이'로 되어있으면 턱시도를 착용하고 안내장에 평복이라고 되어 있을 때는 다크 셔츠를 입어야 하며, '화이트 타이'라고 적혀있으면 연미복을, '블랙타이/포멀'이라고 적혀 있으면 턱시도에 검정 넥타이를 매고 간다.

여성의 경우는 예복은 이브닝 드레스가 정상이지만, 자사가 주최하는 파티와 상사 자녀의 결혼식 등은 원피스나 다크셔츠에 코사지 등으로 악센트를 주는 정도가 무난하다. 장소에 따라서 한복을 입는 경우도 좋다.

(1) 턱시도

약혼, 결혼식, 음악회, 만찬 등에 주로 이용된다. 검정색의 턱시도가 기본이며 요즘은 회색이나 곤색의 턱시도도 즐겨 입는다.

(2) 연미복

수준 있는 연주회 오케스트라 지위자나 격조 있는 공식 만찬회나 결혼식, 피로연에 초대받은 사람들이 입는 예장이다. 보통 앞 단추를 열어서 베스트와 타이, 셔츠를 강조하는 것이 특징이다.

(3) 이브닝 드레스

연극, 음악회, 무도회, 만찬회 등에서 입는 정식예복이지만 일반적으로는 여성용 야회복을 가리킨다.

06 | 파티가기 전 유념사항

(1) 머리를 손질한다.

(2) 약간 화려한 넥타이를 맨다.

(3) 구두를 손질한다.

(4) 손톱이나 치아의 청결 등에 유의한다.

(5) 깨끗한 와이셔츠(백색이 무난함)를 입는다.

(6) 바지를 손질한다.

(7) 손수건은 2장 이상 준비한다.

07 | 좌석 배치

(1) 영국식 좌석배치

호스트와 호스티스가 테이블 가장자리를 마주보며 하위 인사가 테이블 중심부로 오게 배려한 형태이다.

(2) 미국식 좌석 배치

호스트와 호스티스가 마주보고 중심으로 테이블 한 가운데 몰려있고 상대적으로 낮은 인사가 테이블 밖으로 밀려난 형태이다.

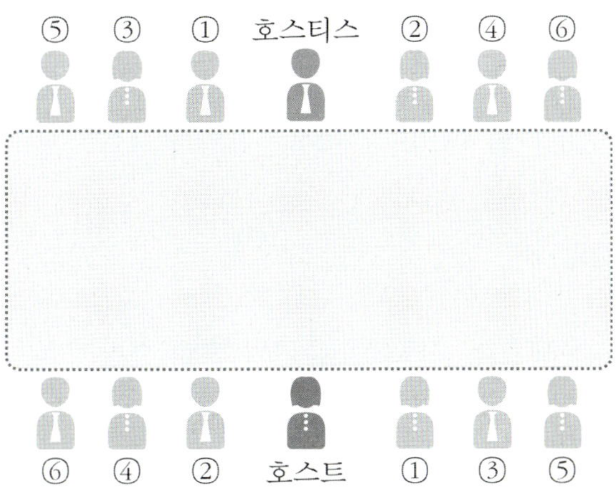

(3) 좌석 배치시 유의 사항

① 부부가 나란히 앉는 것은 되도록 피하도록 하고 정면으로 바라보고 앉는 것도 피하는 것이 좋다.
② 식탁의 양끝에는 가능한 한 기혼 여성이 앉는 것을 피하고 남성이 앉도록 한다.
③ 기혼자를 미혼자보다 우선시 하는 것이 원칙이므로 미혼 여성은 기혼 여성보다 말석에 앉는다.
④ 좌석배치는 공식 서열과 관례상의 서열을 충분히 감안한 후 좌석을 신중하게 배치해야한다.
⑤ 만약 주최 측이 2명 이상인 경우 좌석배치는 미국식과 영국식을 가미한 방식 즉, 테이블 양단과 중앙을 주최 측의 자리로 정하고 이들을 중심으로 좌석을 배치한다.

08 | 식사예절

(1) 식사는 풀 코스의 순서에 따라 먹는다. 먹는 순서는 전채로 시작해서 생선요리, 육류요리 순서로 먹는 것이 좋다.
(2) 접시 하나에 너무 여러 가지의 요리를 올리지 않아야 하고 다 먹고 나서 새 요리를 가지러 간다.
(3) 따끈한 요리와 차가운 요리를 같은 접시에 올리는 것은 좋지 않다.
(4) 환담을 할 때는 접시를 놓고 음료수만으로 한다.

09 | 주인 · 손님으로서의 매너

(1) 주인으로서의 매너

적어도 일주일 전에 초대장을 보내거나 초대의 뜻을 전화로 알려 손님들의 참석 여부를 미리 파악한다.

주인은 현관이나 입구에서 손님을 맞고 여주인은 조금 떨어진 곳에서 맞이한다. 여주인이 좀 더 안쪽에 있는 이유는 집안에 이미 들어와 있는 손님들을 좀 더 신경 쓴다는 의미에서 이다.

음료수는 손님의 오른편 뒤에서 권하며 요리는 왼편에서 권한다. 또 식사가 끝난 후 손님의 빈 그릇은 오른쪽에서 내가도록 한다.

손님에게 음식을 무리하게 권하는 것은 예의가 아니며, 손님의 편의를 생각하는 친절한 마음을 지나치게 표현하는 과잉서비스도 손님을 부담스럽게 할 수 있으므로 적당히 대접하도록 한다.

(2) 손님으로서의 매너

빠른 시간 내에 참석여부를 알리고 부담스럽지 않은 범위에서 선물을 준비해 가는 것이 좋다. 파티에 참석하지 못할 경우에는 꼭 불참사유를 구체적으로 밝혀야 한다. 불참의사는 구두 또는 서면으로 전한다.

02. 댄스 파티 매너

'춤'이라는 설정 하에서 서로 상호작용을 하면서 모든 사람이 즐거워야 한다는데 있다. 룰의 기본 정신은 자신의 파트너를 보호하고 편안하게 해주려는 마음씀씀이에 있다. 친절하고, 너그러우며, 이기적이지 않아야 한다.

01 | 댄스파티 참여 전

단정한 복장과 청결에 유의하며, 체취 제거제 혹은 향수를 준비하는 것도 좋다. 파티장에서 타인에게 보여지는 자신의 이미지를 관리하는 것 또한 매너이다.

02 | 댄스파티 중

(1) 춤을 청하기

"같이 춤을 춰도 될까요?(May I have this dance?)" 혹은 "춤 추실래요?(Would you care to dance?)" 남자 뿐 아니라 여자 또한 춤을 청할 수 있다. 함께 추고 싶은 일행이 있다면, 공손하게 청한다.

(2) 누구에게 청하나

모든 이에게 춤 출 기회를 주기 위해 두곡을 같은 사람과 함께 추는 것은 에티켓에 어긋난다. 파트너를 독점하기 않으며, 춤을 잘 추는 사람들은 초심자와 함께 추는 것도 좋은 매너가 된다.

(3) 춤을 추는 동안

순간 바로 잘못을 지적하는 것은 예의에 어긋난다. 춤을 가르쳐 달라고 하는 경우는 전혀 안면이 없는 낯선 사람보다는 한두 번 정도 같이 춤을 춘 상대에게 가르쳐 달라고 하는 것이 좋다.

03 | 그 밖의 매너

(1) 모든 사람에게 춤을 청한다. 누군가 춤을 청했을 때, 정말 필요한 경우가 아닌 한 거절하지 않는다. 춤을 거절했다면 그 곡이 끝날 때까지 다른 사람과도 춤을 춰서는 안 된다.

(2) 플로어에서는 다른 커플들에게도 신경을 쓴다. 다른 커플과 부딪치거나 발을 밟지 않도록 조심한다.

(3) 파트너가 하지 못하는 동작들은 피하고 파트너의 레벨에 맞춰 춤을 추고 파트너가 스텝이 틀렸다고 해서 절대로 비난하지 않는다.

(4) 플로어에서 요구하지도 않았는데 가르치려 드는 것은 절대금물이다.

(5) 항상 웃음을 잃지 말고 온화하게, 품위있게 그리고 친절하게 행동한다.

Chapter 7 테이블 예절

section 01 서양 식사예절의 특징

"식사 때의 예법은 여간 어려운 것이 아니다" - '새들의 크리스마스 캐럴'이라는 이야기에 나오는 라그르스 아주머니는 교외의 대저택으로부터 디너에 초대 받은 어린이들에게 식사예법을 가르쳐 주려고 이렇게 말한다. 아이들에게 조용히 먹고 얌전히 굴어 그 집 주인으로부터 '버릇없는 아이들'이라는 소리를 듣지 않도록 거듭 주의를 주고 부탁하는 라그르스 아주머니의 이런 염려가 결코 필요 이상의 것이 아닐 만큼 서양식 식사예절은 까다롭다.

사실 식사예절이 중요하다는 건 누구나 알고 있다. 하지만 잘 모르고 하는 실수가 더러 있다. 식탁이 단순히 식욕을 채우는 곳만이 아닌 사교의 장소가 될 수도 있다는 걸 염두에 둔다면 식탁예법이 까다로운 형식이고 절차라는 생각이 달라질 것이다. 품위 있고 세련된 사람과 마주앉아 식사하는 모습은 상상하는 것만으로도 즐겁지 아니한가? 가장 까다롭게 느껴지는 서양식 식사예절에 대해 알아보기로 한다.

01. 서양음식

서양에서 테이블 매너가 완성된 것은 19세기 영국의 빅토리아 여왕 때라고 한다. 이 시대는 형식과 도덕성을 가장 중시하던 때로서 이 때에 갖춰진 식사예법의 절차와 매너가 오늘날까지 이어져 오는 것이다. 그러나 테이블 매너의 기본 정신은 형식에 있는 것이 아니라 서로 요리를 맛있게 먹고 분위기를 즐기는데 있음을 잊지 말아야 한다.

02. 기본매너

01 | 냅킨의 사용

우선 식탁에 앉으면 세팅되어 있는 냅킨을 무릎에 펼치는데 이는 앉자마자 펼치기 보다는 모든 사람이 자리를 잡고 앉았을 때 하는 것이 좋다. 냅킨은 음식물을 옷에 떨어뜨리지 않기 위해서 사용하는 것인데, 그 밖에 입을 가볍게 닦거나 핑거 볼(Finger Bowl)을 사용한 후 물기를 닦을 때에도 이용한다. 어떤 여성은 립스틱을 냅킨으로 닦기도 하는데 이것은 에티켓에 어긋난다. 식사가 끝난 후에는 되는대로 대충 접어 테이블 위에 놓는다. 너무 깨끗하게 접어 놓으면 사용하지 않은 냅킨과 혼동될 수 있으므로 주의한다.

02 | 나이프와 포크의 사용

사용할 때

식사중일 때

식사가 끝났을 때

중앙의 접시를 중심으로 나이프와 포크는 각각 오른쪽과 왼쪽에 놓여있다. 따라서 있는 그대로 나이프는 오른손에, 포크는 왼손에 잡으면 된다. 양식에서 포크와 나이프는 각각 3개 이하로 놓여있게 마련인데 코스에 따라 바깥쪽에 있는 것부터 순서대로 사용하도록 한다. 식사 중 와인을 마시거나 하는 등으로 잠시 포크와 나이프를 놓을 때에는 접시 양끝에 걸쳐 놓거나 서로 교차해 놓으며, 포크만을 사용한 경우에는 접시 위에 엎어 놓는다.

식사가 끝났을 때는 접시 중앙의 윗 부분에 나란히 놓는다. 나이프는 사용 후 반드시 칼날이 자기 쪽을 향하도록 놓는다.

03. 요리에 대한 매너

동양적 사고방식에서는 여러 사람이 식사를 할 때, 모든 요리가 다 나오기 전에 먼저 먹는 것을 예의에 어긋나는 것으로 여기지만, 서양요리는 요리가 나오는 대로 바로 먹기 시작한다. 서양요리는 뜨거운 요리든 찬 요리든 가장 먹기 좋은 온도일 때 고객에게 서브 되고 좌석 배치에 따라 상석부터 제공되기 때문이다. 따라서 온도가 변하기 전에 먹는 것이 제맛을 즐길 수 있는 요령이다. 그러나 4~5명이 함께 식사를 하는 경우에는 요리가 나오는 시간이 그다지 길지 않으므로 조금 기다렸다가 함께 식사하는 것이 좋다. 특히 윗 사람의 초대를 받은 경우에는 윗 사람이 포크와 나이프를 잡은 후에 먹기 시작하는 것이 에티켓이다.

01 | 전채요리(Appetizer)

전채요리는 식욕을 촉진시키기 위해 식사 전에 가볍게 먹는 요리를 말한다. 전채요리는 아무리 맛이 있어도 적당히 먹어 두어야 메인 요리를 제대로 맛볼 수 있다. 요컨대 공복이야말로 최고의 애피타이저인 것이다.

02 | 수프(Soup)

수프는 진한 수프인 포타주(Potage)와 맑은 수프인 콘소메(Consomme)가 있다. 진한 수프의 경우에는 담백한 요리가, 콘소메의 경우에는 진한 맛의 메뉴가 어울리며 코스가 많은 정찬 요리에 적합하다.

뜨거운 수프가 나왔을 경우에는 우선 스푼으로 조금 떠서 맛을 본 후, 스푼을 이용해 저어 식히도록 한다. 입으로 후후 불어가며 식혀 먹는 것은 좋지 않으며 차를 마시듯 소리를 내어 먹는 것도 옳지 않다. 아울러 스푼으로 뜬 수프를 한 입에 먹지 않고 스푼 위에서 나눠먹는 것도 자제해야 한다. 손잡이가 달려 있는 그릇에 담긴 수프는 손으로 그릇을 들고 마셔도 실례가 되지 않는다.

03 | 빵(Bread)

빵은 처음부터 테이블에 놓여 있더라도 처음부터 먹는 것도, 수프와 함께 먹는 것도 아니다. 빵은 요리와 함께 시작해서 디저트를 들기 전에 끝내는 것이다. 자신의 빵 접시는 왼쪽에 놓인 것이므로 오른쪽의 빵접시를 잘못 사용하지 않도록 한다. 빵을 먹을 때는 포크와 나이프를 사용하지 않으며, 전체에 버터를 발라 먹지 말고 한 입으로 먹을 수 있는 크기로 빵을 잘라 놓고 버터를 바른다.

04 | 와인(Wine)

유럽인들이 '와인 없는 식탁은 태양 없는 세상과 같다.'라고 표현할 정도로 알카리성 음료인 와인은 육식이 주요리인 서양식탁에서 빠져서는 안될 중요한 존재이다. 와인을 마시기 전에는 입안의 음식을 다 삼키고 입 주위를 한번 닦은 후 마시도록 한다. 이는 입안의 음식물과 와인이 섞이게 되면 와인 특유의 풍미가 없어져 버리고 기름기 같은 것이 와인잔에 묻기 때문이다. 와인은 요리와 함께 마시기 시작해 요리와 함께 끝낸다. 즉, 디저트가 나오기 전까지 마신다. 한편, 와인이나 주류를 마시지 않는 사람이라면 글라스 가장자리에 가볍게 손을 얹고 '그만 되었다.'는 표현으로 사양의 뜻을 전하면 된다. 흔히 글라스나 술잔을 엎는 경우가 있는데 서양식 테이블 매너에서 글라스를 엎는 것은 금기시되고 있으므로 주의하도록 한다. 마지막으로 글라스에 담긴 와인은 남기지 않고 다 마시는 것이 예의이다.

05 | 메인 디쉬(Main Dish)

(1) 생선요리는 뒤집어 먹지 않는다.

통째로 요리된 생선이라면 머리, 몸통, 꼬리를 나이프로 자른 후 지느러미 부분을 발라낸다. 그리고 나서 역시 나이프를 사용하여 뼈를 따라 왼쪽에서 오른쪽으로 위쪽의 살과 뼈를 발라놓은 다음, 생선의 살만을 앞쪽에 놓고 왼쪽에서부터 먹을 만큼 잘라가며 먹는다.

위쪽을 다 먹은 다음에는 뒤집지 말고 그 상태에서 다시 나이프를 뼈와 아래쪽의 살 부분 사이에 넣어 살과 뼈를 발라 놓는다. 그리고 나서 남은 생선의 살을 조금씩 잘라가며 먹는다. 그러나 대체로 생선요리는 살이 무른 편이므로 살을 떼어낼 때 이외에는 포크만을 사용해도 괜찮다.

(2) 고기요리는 잘라가며 먹도록 한다.

스테이크의 경우 굽는 정도에 따라 맛이 달라진다. 그러므로 스테이크를 주문할 때는 취향대로 부탁을 한다. 스테이크의 참맛은 붉은 육즙에 있으므로 대개 적게 구울수록 고기의 참맛을 즐길 수 있다.

① 레어(Rare)

약간 구운 것으로 표면만 구워 중간은 붉은 날고기 상태

② 미디엄 레어(Medium Rare)

좀 더 구운 것으로 중심부가 핑크인 부분과 붉은 부분이 섞여져 있는 상태

③ 미디엄(Medium)

중간 정도 구운 것으로 중심부가 모두 핑크 빛을 띠는 정도

④ 웰던(Welldone)

완전히 구운 것으로 표면이 완전히 구워지고 중심부도 충분히 구워져 갈색을 띤 상태

고기요리는 한번에 썰어 놓고 먹기보다는 잘라가며 먹는 것이 예의이다. 뼈가 있는 고기인 경우 뼈에서 떼어내기 어려운 부분은 고기가 남아 있더라도 그대로 남겨두는 편이 좋다.

(3) 새우는 껍질을 떼내고 먹는다.

새우요리는 우선 머리부분을 포크로 고정시키고 새우 살과 껍질 사이에 나이프를 넣어 살을 벗겨내듯 하면서 꼬리쪽까지 옮겨간다. 이렇게 양쪽으로 반복하다 보면 껍질이 쉽게

벗겨진다. 그 다음 왼손의 포크로 꼬리부분을 들어 올리고, 오른손의 나이프로 껍질 부분을 누른 후 다시 포크로 살 부분을 당기면 그 부분만 쉽게 빠져 나온다. 껍질은 한곳에 두고 살 부분 왼쪽부터 잘라가며 마요네즈나 크림소스와 함께 먹는다.

(4) 소스도 요리이다.

요리에 나오는 소스는 무조건 뿌리지 않는다. 생선요리에 곁들여진 마요네즈, 타타르 소스 같은 진한 소스는 접시 한쪽에 덜어 놓아 조금씩 찍어 먹도록 하는데, 이는 진한 소스는 그 맛이 강해 요리 본래의 맛을 잃게 할 수도 있기 때문이다. 고기 위에 뿌려진 것 같은 묽은 소스는 직접 요리에 얹어 먹도록 한다. 전통적으로 고기요리는 육류의 종류에 따라 그 맛과 향을 더해줄 수 있는 소스와 어울리는데, 오리 고기에는 오렌지 소스, 돼지고기에는 파인애플 소스, 양고기에는 민트 소스 등이 궁합이 잘 맞는 고기요리와 소스이다.

(5) 샐러드(Salad)

고기와 야채는 맛에서도 조화를 이루지만, 고기는 산성이 강한 식품이므로 샐러드를 먹는 것은 알칼리성이 강한 생야채를 먹음으로써 중화시킬 수 있다는 영양학적인 의미를 가진다.

대개 고기요리를 전부 먹고 난 다음 샐러드를 먹기도 하는데 고기와 샐러드는 번갈아 먹는 것이 더욱 효과적이다. 영미인들은 샐러드를 고기요리와 같이 먹거나 그 전에 먹는 반면, 프랑스 사람들은 고기요리가 끝난 다음에 먹는 습관이 있다고 한다. 샐러드에 사용되는 소스를 특별히 드레싱(Dressing)이라고 하는데, 소스가 뿌려진 모습이 마치 여성들의 드레스 입은 모습과 같다고 해서 생겨난 말로 전해진다. 드레싱류는 크게 프렌치 드레싱류와 마요네즈 소스류로 구분된다.

(6) 디저트(Dessert)

디저트로는 과자나 케이크, 과일 등이 나온다. 서양 요리에서는 설탕을 거의 사용치 않으며, 전분도 적게 사용하므로 식후의 디저트는 달콤하고 부드러운 것이 일반적이다. 디너의 따뜻한 디저트로는 푸딩, 크림으로는 만든 과자나 과일을 이용한 과자, 파이 등이 있고,

차가운 디저트로는 아이스크림과 서벗이 있다.

① 수분 많은 과일은 스푼으로 먹는다.

수분이 많은 멜론이나 오렌지류는 스푼으로 먹는다. 작은 크기로 통째로 제공된 멜론은 왼손으로 껍질을 잡고 오른손의 스푼으로 오른쪽부터 떠먹는다. 수박이나 파파야 등도 이와 같은 방식으로 먹는데 씨는 입 속에서 발라내어 스푼에 뱉어 접시에 놓는 것이 예의이다. 포도는 손으로 먹어도 상관없으나, 딸기는 한 알씩 스푼으로 먹도록 한다.

② 식후의 커피는 조금 진한 것으로 마신다.

식후의 커피는 조금 진한 것을 마시는 것이 좋다. 커피는 향이나 마시는 법이 독특한 여러가지 종류가 있는데 그 중 커피에 위스키를 넣고 생크림을 얹어 마시는 아이리쉬 커피나 꼬냑과 오렌지향을 가미해 마시는 카페로얄은 식후주와 커피를 동시에 즐길 수 있는 묘미가 있다. 설탕은 넣자마자 녹이지 말고 천천히 녹여 처음에는 쓴맛을, 나중에는 달콤한 맛을 즐기도록 한다. 티백을 이용해 녹차나 홍차를 마실 경우에는 어느 정도 우러나온 티백을 컵에대고 눌러 짜지 말고, 스푼 위에 놓고 실을 감아 짜낸 뒤 컵의 뒤쪽에 가로로 놓는 것이 깔끔하고 세련된 매너이다.

Tip 상황에 따라 발휘하는 재치 있는 매너

- 식사중의 실수 : 이런 경우 웨이터나 지배인을 불러 도움을 청한다. 가능한 다른 사람이 모르게 조용히 오른손을 들어 신호를 보내도록 한다.
- 뜨거운 음식이나 상한 음식을 먹었을 때 : 무심코 먹은 음식이 너무 뜨거울 때에는 찬물을 먹는다. 주변에 물이 없을 시에는 뱉도록 하는데 종이 냅킨에 싸서 그릇 한쪽에다 놓아둔다. 상한 음식을 먹었더라도 마찬가지로 빨리 뱉도록 하는데, 뱉는 것이 잘 안 보이도록 냅킨으로 가리도록 한다.
- 고기나 뼈가 목에 걸렸을 때 : 생선 가시가 걸렸을 때는 물을 마시거나 냅킨으로 입을 가리고 기침을 한다. 손가락으로 입에서 꺼내는 것도 실례가 되지 않으며, 이때에도 역시 다른 손이나 냅킨으로 입을 가리도록 한다. 고기나 뼈가 목에 걸려 기침을 여러 번 하고 싶다면 양해를 구하고 자리를 물러나도록 한다.
- 기침, 재채기, 코 풀기 : 기침이나 재채기가 나오려 하면 손수건 또는 냅킨으로 코와 입을 먼저 가리도록 한다. 코를 풀고 싶을 때에는 양해를 구하고 자리를 뜬다. 자신의 손수건이나 휴지를 사용하며, 냅킨은 원래 사용하지 않는 것이다. 땀이 날 때에도 냅킨으로 닦지 않는다.

section 02 각국의 테이블 예절

01. 프랑스의 식사예절

01 | 식사전 예절

손님들이 모이면 주인은 아뻬리티프를 권한다. 준비된 술의 종류를 주인이 말해 주므로 원하는 술을 골라 받아 마신다. 두 번 째 잔은 다른 것으로 마셔도 되지만 더 이상은 마시지 않는 것이 좋다. 안주도 주인이 권하면 들도록 한다.

프랑스인들의 식사는 매우 길다. 포도주를 마시면서 이야기를 많이 하며 먹기 때문에 다른 집에 초대되었을 때는 이야기에 동참하여 분위기를 맞추어 주어야한다. 그러나 입에 음식을 넣고 이야기하지는 않도록 한다.

02 | 식사시 예절

아뻬리티프를 마셨으면 주인은 식탁에 앉기를 권한다. 주인이 개인의 취향, 화술 등을 고려하여 전체가 대화에 참여하도록 자리 배치를 한다. 사람이 많을 경우 이름표가 미리 놓여져 있기도 한다. 자리 배치는 상석인 남자 주인의 오른편에 주빈이나 최연장자를 앉고, 남녀가 번갈아 앉으며, 한 가족이 연이어 나란히 앉지 않는다. 자리 배치를 받으면, 곧바로 앉지 말고 주인과 주빈이 앉은 후에 앉도록 한다. 앉을 때는 식탁을 향해서 섰을 때 의자의 왼쪽에서 앉고 식탁과 너무 멀리 떨어 지지 말고, 의자 등받이에 기대지 않는다.

의자에 앉아 식사를 하기 전에는 손은 자연스럽게 식탁 위에 놓거나 무릎 위에 올려놓는다.

냅킨은 요리가 나오기 시작 할 때 펴는데, 이등분해서 접은 후 접힌 끝단이 밖을 향하게 놓고 입을 닦을 때는 냅킨의 안쪽을 사용한다. 냅킨은 식사 후 커피를 마실 때까지 무릎에 두며, 다 사용한 후에는 접시 왼쪽에 가볍게 접어둔다.

안주인이 식사를 시작하면 손님이 시작하고 모든 사람이 끝날 때까지 식사를 한다.

포크와 나이프는 요리가 나올 때마다 바깥쪽부터 좌우 한 개씩을 사용하는데, 한번 사용한 것은 접시 위에 가지런히 올려놓는다. 사용 중인 것은 포크는 아래를 향하게 하고 나이프는 칼날 부분이 아래로 향하게 하여 팔(八)자로 걸쳐놓고, 식사가 끝나면 포크는 위를 향하게 하고 나이프의 칼날을 안쪽으로 향하게 해서 접시 중앙의 오른편에 나란히 놓는다.

샐러드는 기호에 따라 드레싱을 적당히 얹어 한입에 들어갈 정도로 떠서 먹는다. 샐러드를 나이프로 잘라서 먹지는 않는다.

수프는 왼손으로 수프접시를 잡고 수프스푼을 자기 앞쪽에서 반대쪽으로 향하게 해서 떠서 소리 나지 않게 먹는다. 이것은 매우 어려운 기술로서 프랑스인들은 수프 스푼을 가볍게 이로 물다시피 하면서 수프를 입에 흘려 넣는다고 한다. 수프가 조금 남으면 접시 앞쪽을 들어서 살짝 기울인 다음 떠먹는다.

빵은 샐러드나 수프 등과 함께 먹기 시작하는데 손으로 알맞은 크기로 떼어서 먹는다. 고기요리나 생선요리를 먹는 사이사이에도 먹는다.

생선요리는 뒤집어 먹지 않는다. 윗면의 살을 먹은 다음 뼈를 발라내고 나머지 부분을 먹는다. 곁들인 레몬은 포크로 누른 후 나이프의 넓은 면으로 살짝 눌러 즙을 낸다.

와인은 식사와 함께 마시는데, 백포도주는 생선요리에, 적포도주는 고기 요리에 제공된다. 포도주와 같이 차갑게 마시는 경우에는 잔의 목 부분을 잡는다. 만일 목을 감싸듯이 잡으면 체온으로 인해 술의 온도가 변해서 포도주의 제 맛을 잃게 된다.

후식이 제공되기 전에 핑거보울이 나오는 경우는 손가락을 서너 개 물에 담갔다가 냅킨으로 닦은 후, 후식으로 제공되는 과일이나 케이크를 먹는다. 핑거보울에는 양손을 넣지 않는다.

02. 이탈리아의 식사예절

감자튀김이나 뼈를 빼지 않은 고기, 빵 등은 손으로 먹기 때문에 손의 청결에 주의해야 한다. 식사 도중 식탁에서 손을 식탁 밑으로 내리지 않으며 팔꿈치를 식탁 위에 올려놓지 않는다. 공동의 큰 접시에 담겨져 나온 음식에서 원하는 부위를 고르기 위해 뒤적거리며 가져오는 것은 큰 실례이다. 이탈리아인들의 식탁위에는 기본적으로 오일과 소금이 놓여있는데 필요할 때는 본인이 직접 가서 가져다 먹는 것이 예의 있는 행동이다. 옆 사람에게 달라고 하지 않는다.

샐러드는 반드시 각자의 접시에 덜어서 소스를 첨가하여 먹는다. 각자의 소스에 대한 취향을 존중해주기 때문이다. 소스가 따로 안나오는 경우에는 식탁위에 놓여있는 올리브 오일과 소금, 후추 등을 자기 입맛에 맞게 넣어 먹는다.

식탁이나 식탁을 떠나서도 트림을 하는 것은 예의에 크게 어긋난다.

03. 캐나다 레스토랑 예절

01 | 레스토랑에서의 자리잡기

레스토랑에 들어갈 때는 종업원이 자리를 안내해줄 때까지 입구에서 기다리는 것이 보통이다. 마음대로 본인이 자리를 찾아가 앉지 않도록 한다. 간혹 스스로 자리를 찾아야 할 때는 입구에 팻말이 붙어 있으므로 이때는 자리를 찾아 앉은 다음 종업원이 주문을 받으러 올 때까지 기다리면 된다.

02 | 음식 주문하기

음식은 보통 레스토랑 입구에 안내판이 있으므로 자세히 본 뒤 자신의 취향에 맞는 메뉴가 있는 곳을 선택한다. 대개의 음식점에서 애피타이저, 앙트레(Entrees : 주메뉴), 디저트 순으로 시키면 된다. 이 순서는 메뉴판에 대개 나와 있는 순서이다. 애피타이저로는 수프나 샐러드 등을 시키는 경우가 많고 앙트레로 본요리를 시킨 뒤, 디저트로 케이크나 아이스크림 등을 먹는 것이 일반적이다. 풀코스를 준비하는 레스토랑에서는 디저트로 무료 커피를 제공하고 있으므로 사양말고 즐겨보도록 하자.

03 | 예약

가격이 비싼 중급 레스토랑 이상은 예약을 하는 것이 좋다. 특히 주말 저녁시간에는 많은 사람들이 이용하므로 반드시 예약해야 한다. 예약제 레스토랑인 경우 심한 캐주얼 차림은 피하도록 한다.

04 | 주문과 지불

고급 레스토랑인 경우 테이블마다 담당자가 정해져 있으므로 처음 자리를 안내한 종업원에게 주문과 지불을 부탁한다. 식사가 끝나고 지불할 때는 담당 종업원에게 청구서를 부탁한 후 돈과 함께 청구서를 주면 종업원이 계산을 한 후, 영수증과 함께 잔돈을 건네준다. 영수증을 받으면 약간의 팁(식사요금의 10~15%)을 테이블 위에 남겨놓고 식당을 나오면 된다.

section 03 양식 레스토랑에서 지켜야 할 에티켓

01 | 식당을 이용할 때는 사전예약을 하고 예약시간은 지켜야 한다.

손님과 함께 식당에 갔을 때 식당의 사정으로 인하여 기다리게 되면 큰 실례가 된다. 예약할 때는 먼저 명확히 성명을 알려야 하고 식당을 이용할 인원수와 일시를 정확하게 알려야 한다. 시간관념은 대단히 중요하므로 시간을 지키는 일은 테이블 매너에 있어서 가장 기본이 된다.

02 | 고급식당에서는 정장을 하여야 한다.

정찬에서의 복장은 정해져 있는 것은 아니지만 몇 사람이 동석하여 식사를 한때 다른 사람에게 불쾌감을 주지 않는 최소한의 복장예절을 지켜야 한다. 그 나라 국민복 같은 것은 지장이 없으나, 고급식당에 운동복 차림이나 등산복 또는 노타이 차림으로 입장하면 거절당하는 수도 있다. 이것은 나 하나만을 위한 장소가 아니라 대중을 위한 장소이기 때문이다.

03 | 식당에서는 안내원의 안내를 받아야 한다.

고급식당에서는 반드시 입구에 안내원이나 헤드 웨이터가 고객을 접대한다. 이때 "몇 분이십니까?" 또는 "예약을 하셨습니까?"라는 질문을 받게 된다. 예약이 되어 있으면 준비된 테이블로 안내되고 그렇지 않으면 적당한 빈자리로 안내된다. 안내원을 무시하고 자기 마음대로 좌석에 앉으면 식당 측에서 아주 난처해한다. 왜냐하면 그 좌석이 예약되어 있거나 그렇지 않으면 손님이 한곳에 집중이 되어 한 웨이터에게 일이 과도해져 서비스에 지장이 생기기 때문이다. 결국은 손님이 피해를 보게 된다. 이런 점을 감안하여 안내원의 안내가 꼭 필요하며 안내받은 테이블이 마음에 들지 않아 "저쪽은 어떨까요?"라고 말하면 안내원이 알아서 처리해 준다. 그러나 정식 접대인 경우에는 미리 정해져 있으므로 가만히 있어도 초대 측에서 좌석을 안내해 준다.

04 | 좌석을 정할 때는 손님 중에서 누가 제일 중요한 분인가를 생각해야 한다.

식사할 때 좌석은 어느 곳에 앉느냐에 따라 기분이 달라지기도 한다. 보통 주빈은 가장 나이가 많은 부인이다. 호스트와 초면인 손님이나 사회적인 지위가 높은 사람, 유명한 사람이 주빈이 될 수도 있다. 주빈의 친척, 친구, 가족은 말석에 앉아야 한다. 남자와 여자는 좌석을 섞어서 앉는다. 가장 중요한 여자 주빈은 남자주인의 좌측에 앉고 그 다음 중요한 여자 주빈은 우측에 앉는다. 가장 중요한 남자 주빈은 여자 주빈의 우측에, 다음 남자 주빈은 여자주인의 좌측에 앉게 된다. 세 번째로 중요한 여자는 주빈 남성의 우측, 세 번째 중요한 남자는 주빈 여성의 우측에 앉게 된다. 부부가 초대를 받았을 때는 보통 대각으로 마주 앉게 된다.

05 | 웨이터가 맨 먼저 빼 주는 의자가 상석이다.

웨이터가 없을 때는 남자가 주빈 또는 여자들의 의자를 뒤로 빼줘야 한다. 사람들의 왕래가 많은 통로 쪽이나 출입문에서 가장 가까운 곳은 말석이다. 상석을 지정 받았을 때 지나칠 정도로 사양하는 것은 오히려 실례가 될 수도 있다.

06 | 여성이 착석할 때는 남성이 도와준다.

여성을 먼저 앉게끔 남성이 도와주는 이유는 여성을 될 수 있는 한 편히 해 주려는 배려이다. 참석자 가운데 노령의 어른이나 윗사람 또는 여성이 있으면 그들이 앉을 때는 좌측으로 들어서야 한다.

07 | 옆 사람과는 주먹 두 개정도의 간격을 두고 떨어져 앉는다.

식사가 시작 될 때 의자의 거리를 고치는 행동은 좋지 않다. 테이블에서 한사람이 차지하는 거리는 대략 60~70cm가 기준이다. 따라서 식사 중 몸을 움직이는 범위는 72cm를 넘지 않는 것이 좋다.

08 | 여성의 핸드백은 등과 의자 사이에 놓아둔다.

식당에 들어갈 때는 가방, 모자, 외투 등은 가지고 들어가지 않고 코트 룸에 맡겨야 한다. 식당은 어디까지나 식사하는 곳이므로 식사하는데 지장이 되는 것을 가지고 들어갈 수는 없다. 그러나 여성은 핸드백이 있을 경우 의자와 허리사이에 놓아두는 것이 가장 좋은 방법이다.

09 | 냅킨은 모두가 착석한 뒤 무릎 위에 편다.

식탁에 앉자마자 성급하게 냅킨을 펴는 것은 좋지 않다. 테이블 전체를 보고 전원이 안정된 상태에 들었으면 냅킨을 펴지 않은 상태로 무릎위에 가져와 조용하게 편 후 반으로 접어진 쪽을 자기 앞으로 놓는다.

10 | 메뉴를 천천히 보는 것도 매너이다.

일반적으로 알아두어야 할 메뉴의 구성은 전채, 스프, 생선요리, 육류요리, 샐러드, 디저트, 음료 순으로 되어 있다. 대개 이러한 순서에 입각하여 각 한 가지씩 선택하면 좋은 식단이라고 할 수 있으나 일품요리인 생선요리와 고기요리가 중복되면 너무 과중한 식단이 되므로 두 가지가 겹치지 않는 것이 좋다.

11 | 웨이터는 고객의 손과 발이다.

웨이터는 고객을 위하여 존재하며 고객의 식사를 즐겁게 도와주기 위해 근무한다. 그러므로 웨이터가 옆에 있는 것을 거북하게 생각할 필요는 없다. 웨이터를 부를 때 손가락을 튕겨 "탁" 소리를 내는 것은 좋은 매너가 아니다. 웨이터를 부를 때는 손만 들어도 된다.

12 | 고급식당에서는 중급 가격 선으로 주문한다.

최근에는 가정보다 식당으로 초대하는 경우가 많아졌다. 초대한 사람이 대부호라든가 비싼 요리나 제일 값이 싼 요리를 강권하였을 때는 예외지만 초대받은 쪽은 초대한 사람의 경제적 사정도 다소 고려하는 것이 예의이다. 제일 비싼 요리나 제일 값이 싼 요리를 주문하여 천덕스럽다는 인식을 받지 않도록 중간정도의 가격에서 선택하는 것이 좋다.

13 | 당신이 알고 있는 서양요리는 메뉴에 없다.

같은 중국요리라 할지라도 미국에서 맛보는 중국요리와 한국, 일본, 홍콩에서 맛보는 중국요리는 이름이 같을 지라도 요리내용과 맛이 현격히 다르다. 우리가 일상 잘 알고 있는 중국요리가 그 지역의 기호에 맞게 만들어졌기 때문이다. 서양요리도 마찬가지이므로 요리가 맛이 있다, 없다 하는 것은 좋은 매너가 아니다. 우리의 한국요리인 김치도 같은 명칭이고 요리도 비슷하나 지역에 따라 맵고, 짜고, 싱거울 수 있는 것과 마찬가지이다. 바로 이점이 그 지역의 기호인 것이다.

Chapter 8 차 예절

section 01 차 예절의 의의

01. 차의 개념

차(茶)는 산다화과(山茶花科) 상록수인 차나무의 어린잎을 따 가공한 것으로 세계에서 가장 오랜 역사를 갖고 있다. 뿐만 아니라 커피, 코코아와 함께 3대 기호음료로 꼽히며 세계 160여 개 나라에서 음용되고 있다.

02. 차의 유형

차는 크게 발효차와 불발효차로 분류할 수 있다. 발효는 적당한 온도와 습도로 찻잎의 성분인 탄닌이 산화효소로 인하여 녹색이 황색으로 혹은 검은 흙색으로 변화하고 특유의 맛과 향이 생성되는 작용을 말하는 것으로 그 발효정도에 따라 많은 종류의 차가 만들어 진다.

01 | 발효차

(1) 경발효차

약 20~30% 정도 발효된 것으로 중국의 백차, 청차 등이 있다.

(2) 중발효차

약 40% 정도 발효된 것으로 중국의 경우 보이차, 철관음차 등이 있다.

(3) 반발효차

약 50% 정도 발효된 차로 중국의 우롱차가 있다.

(4) 강발효차

약 85% 이상 발효된 것으로 홍차가 있다.

(5) 후발효차

곰팡이 발효차로 보이차, 흑차, 흑전차, 녹전차, 떡차 등을 말하는 것으로 1차 가공한 차를 여러 가지 방법으로 발효시킨 차이다.

02 | 불발효차

불발효차는 덖음차와 찐차로 나누어지는데 덖음차는 뜨거운 가마솥에서 순간적인 열로 차잎의 수분만으로 익혀 발효성분을 억제 시켜 만드는 차이고 찐차는 끓는 물에 데쳐 내거나 수증기로 찻잎을 익혀 발효를 억제 시킨 차를 말한다. 대체로 일본 쪽에서는 찐차를 주로 많이 생산하고 우리나라에서도 대규모 공장은 덖음차보다는 생산성이 높은 찐차를 선호하고 손이 많이 가는 덖음차는 소규모 다원에서 만들고 있다.

03. 차의 역사

자연이 만들어낸 인류 최고의 기호음료인 차는 오랜 역사동안 질병을 치료하거나 예방하는 약으로 또는 조상의 제례나 신에 대한 의식용으로 사용되다가 점차 기호음료로 정착되었다.

중국의 다성(茶聖)인 육우(陸羽 ; 727~803)가 지은 다경(茶經)에 B.C 2700년경 신농(神農) 시대부터 차를 마셨다고 기록되어 있다.

신농은 삼황(三皇 ; 수인, 복희, 신농) 중의 한 사람으로 백성들에게 농경법을 가르치고 백초(百草)를 맛보아 약을 만들어 의약의 신으로 숭앙 받았다.

신농은 초목을 먹어보고 식용과 약용의 가부를 실험 하였는데 하루는 독초에 중독되어 쓰러져 바람에 날린 나뭇잎을 입에 넣고 씹었는데 그 맛은 쓰고 떫으나 해독이 되어 살아났다는 전설이 전해지고 있다.

이를 현재 과학에 비춰보면 차의 폴리페놀 성분이 해독작용을 하고 카페인이 뇌를 자극하여 소생 한 것으로 보인다. 이와 같이 약용으로 발견되어졌다가 점차 기호 음료화 했다.

04. 차의 효능

(1) 차는 정신을 분발시키고 사유와 기억력을 강화시킨다. 차는 피로를 제거할 수 있고 신진대사를 촉진시키며 심장, 혈관, 위장 등의 정상적 기능을 유지하는 역할을 한다.

(2) 차를 마시면 충치가 생기는 것을 예방할 수 있다. 영국에서 조사한 바에 의하면 아동이 정상적으로 차를 마시면 60%의 충치가 감소된다는 결과가 있다.

(3) 차 가운데는 인체에 유익한 미량원소가 적지 않게 포함되어 있다. 찻잎은 악성종류를 억제하는 역할을 하므로 차를 마시면 암세포의 돌연적 변화를 뚜렷하게 억제할 수 있다. 찻잎에는 임산부에게 없어서는 안 되는 미량 원소의 아연이 포함되어 있다.

(4) 차를 마시면 세포가 노쇠 되는 것을 억제할 수 있어 연년익수 할 수 있다. 노쇠 하는 것을 방지하는 찻잎의 역할은 비타민 E보다 18배 이상 강하다.

(5) 차를 마시면 혈관내막에 지방질 반괴가 형성되는 것을 늦추거나 방지할 수 있어 동맥경화 고혈압과 뇌경색이 오는 것을 방지할 수 있다.

(6) 차를 마시면 중추신경이 흥분되어 운동능력을 증강시킨다.

(7) 차를 마시면 감비와 미용효과를 볼 수 있다. 특히 오룡차의 효과가 뚜렷하다.

(8) 차를 마시면 노인들의 시력에 중요한 영향을 주는 백내장을 예방할 수 있다.

(9) 찻잎에 포함된 탄닌산은 여러 가지 세균을 죽일 수 있다. 그러므로 구강염, 인후염과 여름에 쉽게 걸리는 장염, 이질 등을 예방, 치료할 수 있다.

(10) 차를 마시면 사람의 조혈기능을 보호할 수 있다. 찻잎에는 복사를 방지할 수 있는 포함되어 있으므로 텔레비전을 시청할 때 차를 마신다면 텔레비전 복사에 의한 인체에 해로움을 저하 시키며 시력도 보호할 수 있다.

(11) 차를 마시면 혈액중의 산, 알카리의 정상적 균형을 유지할 수 있다. 찻잎에는 카페인, 디오필린, 디오브로민, 황표령 등 생물 알카리 물질이 함유되어 있어 차는 양질의 알카리성 음료라 할 수 있다. 찻물은 체내에 신속히 흡수되고 산화되어 농도가 보다 높은 알카리성 대사물을 산생한다. 그리하여 혈액 가운데 있는 산성대사의 폐물을 제때에 중화시킨다.

(12) 체온을 낮추어 더위를 예방할 수 있다. 더운 차를 마신 후 9분 정도 지나면 피부온도가 1~2도 내려가므로 서늘하고 시원하며 건조한 느낌이 생긴다. 그러나 이때 찬 음료를 마신다면 피부 온도의 저하가 뚜렷하지 못하다.

section 02 차 예절 실무

01. 차 우리는 법

좋은 차를 선택하기 위해서는 외형, 향기, 색 등 여러 가지를 고려하여야 한다. 녹차는 겉모양이 가늘고 광택이 있으며 잘 말려 있는 것이 좋다. 또한 연황색이 나는 묵은 잎의 함유가 적어야 하며, 손으로 쥐었을 때 단단하고 무거운 느낌이 드는 것이 상등품이다.

차는 제조시기에 따라 첫물차(4월20일~5월10일에 채엽), 두물차(6월 중순~6월 하순에 채엽), 세물차(9월 하순~10월 초순 채엽) 등으로 구분되는데 첫물차의 품질이 가장 뛰어나며 가격도 비싼 편이다.

차를 구입할 때는 용도나 마시는 사람의 상태에 따라 종류와 양을 결정하는 것이 좋다. 예를 들면 차를 처음 마시는 사람은 구수한 맛이 있는 현미녹차가 적당하고, 사무실에서 피로회복이나 두뇌회전을 촉진시키기 위해서 마실 때는 현미녹차보다 첫물차가 적당하다. 가정내에서 가족끼리 모여 차를 마실 때는 차의 맛과 향을 음미 할 수 있는 고급차가 어울리며, 야외나 운동경기 중에는 설록차 캔이나 PET제품이 간편하다.

차를 우리기 위해서는 차와 물과 이 두 가지를 넣어 우릴 수 있는 그릇이 있으면 된다. 물은 돌 틈에서 솟아나는 석간수를 으뜸으로 치는데 일반 수돗물을 사용할 경우에는 하룻밤 정도 재워서 쓰면 좋다.

(1) 우선 물을 100℃로 끓이면서 다구를 정돈한다.

(2) 물식힘 사발, 차 주전자, 찻잔 순으로 사용할 다기를 뜨거운 물로 한번 헹구는 동시에 예열을 준다.

(3) 100C의 물을 물 식힘 사발에 담아 약간 식힌다.

(4) 차 주전자에 1인당 2g 안팎의 차를 넣은 뒤 물식힘 사발에서 약간 식은(70℃) 정도로 물을 차 주전자에 넣는다.

(5) 2분 정도 두었다가 잔에 따른다. 잔에 따를 때는 한번에 다 따르지 않고, 아래쪽에서 위쪽으로, 다시 위에서 아래로 옮겨가며 조금씩 잔을 채워 색과 향과 맛을 고르게 한다.

(6) 찻잔은 왼손으로 받친 뒤 오른손으로 살며시 감싸 쥔다. 먼저 차의 빛깔을 보고, 다음 향기를 맡은 뒤 맛을 보도록 한다. 한잔을 보통 세 번 정도에 나누어 마시도록 한다.

01 | 녹차 우려마시는 법

차의 성분은 계절에 따라 다소 변화가 있다. 일반적으로 첫 물차는 아미노산이 많아 감칠맛이 강하고, 두 물차나 세 물차는 카테킨이 많기 때문에 떫은맛이 강하다. 또한 뜨거운 물로 차를 끓이면 떫은 맛 성분이 빨리 우러나 차의 맛이 떫고 낮은 온도의 물로 천천히 우리면 감칠맛이 나는 차가 된다. 따라서 차의 종류에 따라 물 온도를 달리하여 맛있는 차가 되도록 조절하는 것이 중요하다.

02 | 우롱차 마시는 법

우롱차는 녹차와는 달리 잎이 둥글게 말려있고 가열처리에 의해 향기성분이 잎 속에 배어 있기 때문에 물 온도를 높게 하지 않으면 안 된다. 또한 보온력이 강한 사기류 다관을 사용하는 것이 적당하며 다관을 따뜻하게 하여 탕의 온도가 떨어지지 않도록 주의하면 된다.

03 | 홍차 우리는 법

홍차는 밝고 투명한 적등색의 수색과 풍부한 향기, 약간의 떫은맛으로 세계 각국에서 가장 널이 음용되고 있는 차이다. 홍차를 보다 맛있게 마시기 위해서는 몇 가지 기본적으로 지켜야 할 규칙이 있는데 이를 보통 골든룰이라고 부르며 영국식의 가장 보편적이고 정통적인 음다 방법이다. 그 내용은 티포트를 사용하고 차의 양을 정확히 측정해야 하며 반드시 끓인 열탕을 사용하고 티포트로 잘 우려낸다는 것이다.

02. 차의 대접 예절

(1) 손님에게 차를 대접할 때는 준비된 차의 종류를 말하고, “어느 차를 드시겠습니까?” 라고 의견을 묻는다.

(2) 섬살이(입식생활)에서 차를 대접할 때는 서서 드리고, 앉음살이(좌식생활)에서는 앉아서 드린다.

(3) 탁자 위에서 차를 대접할 때는 쟁반을 탁자 위에 먼저 내려놓고, 두 손으로 찻잔 받침을 들어 손님의 오른 쪽에 내어놓는다.

(4) 만약 뒤편에서 찻잔을 놓아야 할 때는 손님의 왼쪽 뒤에서 앞쪽으로 놓는다.(오른 쪽은 언제 손님이 움직일지 몰라 위험하다.)

(5) 온돌방에 앉은 손님에게는 찻상에 놓아 드리고, 쟁반을 사용할 때는 쟁반 째 두고 나

온다.

(6) 찻잔의 손잡이가 손님의 오른 쪽을 가도록 하고, 찻숟가락은 손잡이가 오른쪽으로 가게 찻잔 앞, 손님 쪽에 놓는다.

(7) 차가 너무 뜨거우면 손님이 입을 데거나 너무 식으면 맛이 없으므로 적당한 온도로 대접한다.

(8) 차의 분량은 찻잔의 7~8부 정도가 좋다.

(9) 차에 섞는 첨가물(설탕, 크림 등)은 손님의 의견을 물어서 조절하거나 손님 스스로 넣을 수 있도록 따로 그릇에 담아내도록 한다.

(10) 케이크나 생과자 대접을 곁들여 대접할 때는 차에 앞서서 내놓는다.

(11) 티 백(Tea bag)으로 된 홍차나 녹차를 대접할 때는 빈 접시를 같이 내놓도록 한다.

(12) 빈 찻잔이 손님 앞에 오래 놓여 있으면 안 된다. 손님이 차를 다 마시면 빈 잔을 오래 두지 말고 즉시 치운다. 역시 쟁반을 탁자 위에 놓고 두 손으로 들어서 치우다.

(13) 어떤 경우라도 손님의 바로 앞에서 뒷모습을 보이지 않는다.

Chapter 9 생활속의 예절

section 01 경조사 예절

01. 결혼축하 예절

(1) 결혼식 초대장은 2~3주전에 발송하며, 결혼 후 감사장은 결혼 후 2주 안에 보내는 것이 좋다.

(2) 축의금 대신 선물로 축하의 마음을 전달하고 싶은 경우에는 결혼 전에 미리 상의하여 당사자들이 필요한 물건을 선택하도록 하는 것이 좋다.

(3) 예식장에는 정장을 입고 참석해야 하며, 식전에는 도착하여 혼주와의 인사 및 축의금을 전달한다. 무엇보다 마음으로 행복을 기원하는 것이 중요하다. 축의금이나 선물을 할 경우에는 사람과의 관계를 생각해서 알맞게 한다.

(4) 결혼식에 참석하는 손님은 결혼식 10분 전에 미리 식장에 도착해서 조용히 예식을 기다리는 것이 예의이다. 결혼식이 시작된 후 허둥지둥 들어오는 모습은 보기에 좋지 않다.

(5) 의상은 정장을 입는 것이 좋다. 흰색은 신랑 신부의 색이므로 삼가고, 검은색의 옷일 경우에는 액세서리나 스카프로 밝은 분위기를 연출하도록 한다. 아무리 친한 사이라고 해도 청바지나 셔츠 같은 일상복 차림은 예의에 어긋난다.

(6) 결혼식장에 축하객으로 참석하는 경우 신부나, 신랑보다 화려한 옷은 피한다. 결혼식

장의 축의금을 내고 혼주에게 식장에 입장하기 전 축하의 말을 간단히 전한다.

(7) 49재가 끝나지 않은 상중일 때는 초대를 받더라도 참석하지 않는 것이 상대방에 대한 예의이다.

(8) 부조금 봉투는 "축 혼인(祝 婚姻), 축 화혼(祝 華婚), 축의(祝儀), 축 성전(祝 盛典), 결혼을 축하드립니다"라고 쓰고 부조하는 사람이름 뒤에는 하배(賀拜)라고 쓴다. 축 혼인(祝 婚姻)은 장가들고 시집가는 것을 축하한다는 뜻이다.

(9) 축하금은 자기의 처지에 맞게 분수에 넘치지 않도록 한다.

(10) 봉투와 내면지를 쓸 경우에는 깨끗하게 성의를 다한다. 이때 회사의 양식을 사용하여도 좋다.

(11) 축의금을 넣은 봉투는 봉하지 않는다.

Tip 결혼 축의금 봉투 쓰는 법

신랑편	신부편
祝結婚	祝婚姻

혼인의 혼(婚)은 장가든다는 뜻이고 인(姻)은 시집간다는 의미이기 때문에 장가들고 시집간다라는 말이 된다. 장가든다는 뜻의 글자가 혼(婚)이 된 까닭은 저녁(昏)때에 여인(女)을 만나는 것이 장가드는 것이고 시집간다는 뜻의 글자가 인(姻)인 까닭은 여자의 집안에서 신랑감을 구하는 데는 반드시 중신하는 부인이 매씨(妹氏)에 의해야 했으므로 여자(女) 매씨로 인(因)해 남자를 만나는 것이 시집가는 것이기 때문이다. 중매(中媒)라는 말도 여기서 비롯되었음을 알 수 있다. 혼인은 陰과 陽이 합하여 삼라만상이 창조하는 대자연 섭리에 순응하는 것이며 대자연의 섭리에 따라 자연스럽게 짝을 찾는 순수한 인정(人情)에 합하는 일이기 때문에 혼인은 신성한 이치이며 순수한 인정인 것이다. 그러나 오늘날을 돌아보면 그토록 심오한 뜻을 담고 있는 혼인이라는 말대신 결혼(結婚)이라는 말을 많이 쓰고 있다. 혼인이라는 말이 결혼이라는 말로 대치되어 쓰이는 것은 전통 혼인 절차에 대한 명칭들이 말로서 쓰여진 것으로 보인다. 그러나 우리나라 헌법이나 민법 등 모든 법률에는 결혼이란 말이 쓰이질 않고 혼인이라고 쓰고 있다. 당연히 바람직하다고 본다. 남자와 여자가 부부가 되는 일을 결혼이라고 하면 남자가 장가가는대 여자가 곁 붙어서 따라가는 것이 되고 혼인 이라고 하면 남자는 장가들고 여자는 당연히 시집가는 것이 되여 어휘에서 부터 명실상부한 남여 평등이 내포되어 있다 하겠다.

그렇게 본다면 오늘날의 "결혼 예식장"은 "혼인 예식장"이라 해야 하며 결혼이라 하는 말을 서슴없이 사용하는 것은 납득하기 어려운 점이 아닐 수 없을 것이다. 오늘날에 "결혼예식장"은 "혼인 예식장"이라 해야 하며 "혼인 예식" 때 보내는 축하금 봉투도 축 혼인(祝 婚姻)이라고 써야 할 것이다.

일반적으로 신부의 집에 축하금을 보낼때 축 결혼(祝 結婚), 축 화혼(祝 華婚)이라고 쓴다면 시집가는 신부에게 장가드는 것으로 되여 잘못된 것이라 할 수 있다. 결혼이 아니고 혼인이여야만 정확하게 장가들고 시집가서 부부가 되는 것이다. 결혼 예식장이나 결혼 잔치에 갈 때 겉봉투에 축 결혼(祝 結婚)이라고 쓰는 경우가 많다. 그러나 시집가는 여자 측에 주는 봉투에 화혼(華婚)이나 결혼(結婚)으로 쓴다면 예의에 어긋난다고 볼 수 있다.

글자 그대로 보면 시집가는 여자에게 "장가드는 것"처럼 보이는 것이 된다. 혼(婚)은 신랑이 신부에게 장가간다는 것이고 인(姻)은 신부가 신랑에게 시집간다는 뜻이다. 따라서 화혼(華婚)이나 결혼(結婚)은 신랑 측에 써야 맞는 용어이고 신부 측에는 혼인(婚姻)이라는 용어가 있다. 축의(祝儀), 하의(賀儀), 경하혼인(慶賀婚姻) 등도 바른 말이다.

02. 수연 매너

(1) 수연례는 회갑, 그리고 그 이후의 모든 생신 행사를 의미한다. 어른의 생신에 상을 차려 술을 올리고 오래 사시기를 기원하는 의식이다. 아랫사람이 태어난 날을 생일이라 하고 웃어른의 생일은 생신이라 한다.

(2) 옛날에는 자녀들이 만수무강하시라는 헌수배례를 올리고 장성한 자녀일지라도 색동옷을 입고 재롱을 피워 주인공께 효도를 하였다. 잔치는 보통 당일에 한하지만 예전에는 3일 동안 광대를 불러 놀게 하며 지나는 이들에게도 음식을 대접하는 등 온 동네가 잔치를 벌이기도 했다고 한다.

(3) 최근에는 평균연령이 높아지면서 회갑연을 하지 않고 칠순잔치를 하는 경향이 있다.

(4) 초대의 범위는 가까운 친구, 친척, 직장동료 정도가 적당하다.

(5) 초대받은 사람은 정성스러운 마음가짐과 존경하는 의미로 축하하러 올 수 있도록 초대인의 적절한 범위를 정하는 것이 중요하다.

(6) 또한 접수처를 마련하여 선물이나 축의금을 받는 것은 좋지 않다. 가능하면 가정에서 검소하게 지내는 것이 바람직하다.

(7) 여러 명이 함께 축하를 드리러 간 경우에는 대표로 한 명이 잔을 올리면 된다.

(8) 참석하는 사람들의 복장은 직계 가족이나 친척들은 큰절 인사를 드려야 하기 때문에 가능하면 한복 차림을 하고 축하객들도 단정한 정장 차림을 갖추도록 한다.

(9) 인사말은 "만복을 기원합니다." "축하드립니다." "축하 올립니다." "만수무강하십시오." 등이 좋다.

03. 그밖에 경사 축하 매너

01 | 취직

(1) 시회에 첫발을 내딛는 사람을 축복해 주는 것은 당연하다. 당사자의 용기를 북돋아 주는 인사말을 하도록 한다.

(2) 선물은 당사자의 취미나 희망을 듣고 하는 것이 좋으며, 의복이나 장신구 등이 일반적이지만 취향을 모르는 경우에는 현금을 주는 것도 좋다.

(3) 당사자는 답례품을 하지 않아도 되지만 직장생활에 어느 정도 익숙해지면 직접 찾아가 감사의 인사를 드리도록 한다.

02 | 출산

(1) 출산은 집에 바로 방문하는 것보다는 전화나 편지로 축하를 먼저 전하고 3주가 지난 뒤에 방문하는 것이 좋다.

(2) 선물을 할 때는 신생아나 산모에게 필요한 것을 물어보아 선물하는 것이 좋고 화환은 되도록 하지 않는 것이 좋다.

(3) 축하 인사말은 신생아의 성별을 듣기 전에 먼저 순산하였는지를 물어 아이와 어머니의 건강을 빌어 주고 그 다음에 축하의 말을 하여 함께 즐거움을 나누는 것이 좋다.

03 | 돌

(1) 돌은 아이가 1년 24절기를 처음으로 한 바퀴 돌았다는 뜻에서 생긴 말이다.

(2) 영아 사망률이 높았던 옛날에는 생후 1년이 지나야 위험한 고비를 무사히 넘기고 비로소 가족 구성원이 되었다고 생각하였다. 돌 이후의 관명을 지어 호적에 올린 것도 다 이런 이유 때문이다.

(3) 돌잔치는 아이가 명실상부한 가족의 일원이 된 것을 축하하고 아이의 장수와 복을 기

원하는 잔치이다.

(4) 아이에게 득이 된다고 하여 떡을 해서 여러 사람에게 나누어 주는 풍습이 있는데, 이때 떡을 받은 사람은 빈 접시에 실이나 의복, 돈이나 반지 등을 답례품으로 보낸다.

(5) 최근에는 가까운 친구와 친척들을 초대하여 돌잔치를 열고 돌잡이 행사를 하는 것이 일반적이다. 이때 초대받은 사람은 아이의 돌을 축하하는 인사말을 하고 아이의 옷이나 반지, 축하금 등을 선물하는 것이 좋다.

04 | 개업

(1) 개업의 경우에는 무엇보다도 앞으로의 번창을 기원하기 위하여 널리 알리는 것이 좋다.

(2) 개업식에 초대받았을 때는 무엇보다도 떠들석한 분위기가 좋은 선물이므로 점포 앞을 장식할 화환이나 생화를 선물하거나 점포 장식에 필요한 선물을 하는 것이 좋다.

05 | 영전, 전근

(1) 개인적 출세, 영달이라는 극히 좁은 범위의 성격을 띤 경사이므로 가족끼리 축하하도록 한다.

(2) 그러나 친구나 친지가 전근을 가거나 이사를 간다는 이야기를 들으면 축하인사말 정도만 해 주어도 좋다.

(3) 짐을 꾸리거나 들고 가는 짐을 도와주는 것이 더 좋은 축하법이다.

06 | 신축

(1) 집이나 건물을 지을 때 에는 우리나라는 지신제를 올리고 대들보를 올리면서 상량제라는 고사를 지내는 경우가 많다.

(2) 집을 짓는 데 어떤 재난도 없이 무사히 지어지기를 기원함과 동시에 그 집과 건물의 앞날의 번영을 비는 행사이다. 이때에는 공사 관계자와 이웃 사람들이 모여 건축주가 낸 술과 음식을 나누어 먹는다.

(3) 이때 초대받은 사람은 말뿐인 치하보다는 새 집의 치장에 도움이 될 선물을 하는 것이 좋다. 여의치 않을 때는 금일봉을 내는 것도 괜찮다.

07 | 수상

(1) 국가로부터 훈장을 받거나 대회에서 수상을 하면 기쁨은 수상자만의 것이 아니다.

(2) 친척이나 친구 등의 수상 소식을 듣게 되면 전화나 편지 등으로 축하하도록 한다. 이때 간단하게 기쁜 마음을 전달하는 것이 좋다.

(3) 가까운 사람의 경우에는 축하회에 참석하는 것도 좋다. 수상자는 수상을 하는 데 도움을 주신 분들에게 감사의 인사를 잊지 말아야 한다.

04. 문병예절

문병은 병원에서 정한 면회시간 또는 오전 10시경이나 오후 3시경이 좋고, 환자의 식사·회진시간은 피하는 것이 좋으며, 병문안은 짧게 끝내서 환자의 부담을 감소시킨다.

환자를 위해서는 꽃과 과일 등이 무난하나 꽃은 축하의 대상에 따라 꽃이 달라야 한다. 잘못해서 문병에 국화꽃을 들고 간다면 큰 낭패다.

Tip 꽃말의 의미

- 개나리 : 소원성취
- 아이리스 : 전언 소식
- 나팔꽃 : 기쁨 애정
- 채송화 : 가련, 천진난만
- 모란 : 장려
- 칸나 : 망상, 존경
- 민들레 : 수수께기
- 해당화 : 사랑의 부담
- 베고니아 : 친구에 대한 증오
- 아네모네 : 견인, 진실
- 아마릴리스 : 자존심
- 금어초 : 행운이 옴
- 장미 : 애정의 고민, 열애
- 라일락 : 청춘의 환희
- 카네이션 : 쾌청, 구애
- 물망초 : 나를 잊지마라
- 클로버 : 행운, 소원성취
- 백합 : 결백, 절개
- 히야신스 : 승부, 슬픔
- 금낭화 : 돌아오는 행운
- 아카시아 : 순정, 우정
- 다알리아 : 변심, 구애
- 튤입 : 명예, 고백, 애정
- 무궁화 : 일편단심
- 코스모스 : 사랑
- 백일홍 : 웅변, 사우
- 후리쟈 : 순정, 청향
- 시크라맨 : 의심

05. 조문예절

01 | 조문시 주의사항

(1) 조문가는 시간은 가까운 친척 친지 가운데서 상을 당했다는 연락이 오면, 가급적 빨리 상가에 가서 상제를 도와 장의준비를 함께 하는 것이 좋다.

(2) 상가에 가면 우선 상제들을 위로하고 장의 절차, 예산 관계 등을 상의한다. 할 일을 서로 분담하여 책임 있게 수행해 줘야 한다.

(3) 내용도 잘 모르면서 이일 저일에 참견하는 태도는 바람직하지 못하다. 또한 아무리 가까운 사이라도 복장을 바르게 하고 영위에 분향, 재배 한다. 상제에게 정중한 태도로 예절을 잊지 않도록 해야 한다.

(4) 즉시 달려가서 도와주어야 하는 경우가 아닌 사람은 상을 당한 직후에는 조문객을 맞을 준비가 안 되어 있기 때문에 상가에서 조문 받을 준비가 될 때 조문하는 것이 예의이다.

(5) 스스럼없는 사이라면 염습이나 입관을 마친 뒤에도 괜찮다. 그러나 현대에는 별로 괘념치 않고 돌아가신 직후 조문하여도 무방하다.

(6) 남성조문객의 옷차림은 현대의 장례예절에서는 검정색 양복이 원칙이다. 검정색 양복이 준비되지 못한 경우 감색이나 회색도 실례가 되지 않는다. 와이셔츠는 흰색으로 하고 넥타이, 양말, 구두는 검정색으로 한다.

(7) 여성조문객의 옷차림은 검정색 상의에 검정색 스커트를 입는 것이 가장 무난하다. 주름치마는 폭이 넓어서 앉아도 신경이 쓰이지 않아 편리하다.

(8) 검정색 구두에 무늬가 없는 검정색 스타킹이 좋다. 그밖에 장갑이나 핸드백도 검정색으로 통일시킨다. 또한 되도록 색채화장은 피하는 것이 바람직하다.

(9) 조문 시 삼가야 할 것들은 유족을 붙잡고 계속해서 말을 시키는 것은 장의 진행에 불편을 주고 유족에게 정신적 피로감을 주기 때문에 실례가 된다. 고인의 사망 원인, 경위 등을 유족에게 상세하게 묻는 것은 실례가 된다.

(10) 반가운 친구나 친지를 만나더라도 큰소리로 이름을 부르지 말아야 한다. 낮은 목소리로 조심스럽게 말하고 조문이 끝난 뒤 밖에서 따로 이야기 하도록 한다.

02 | 조문 절차

(1) 외투는 밖에서 벗는다. 호상소에서 조객록(고인이 남자인 경우) 또는 조위록(고인이 여자인 경우)에 이름을 기록하고 부의금을 전달 한 후 영정 앞에 분향이나 헌화, 절을 한다.

(2) 분향의 요령은 홀수인 3개 또는 1개의 향을 들고 불을 붙여 입으로 끄지 말고 손으로 세 번 만에 끈 후 향로에 꼽고 묵례하고 기도하거나 절을 한다.

(3) 헌화 시에는 꽃송이를 가슴부위까지 들어 올려 묵례를 하고 꽃송이 쪽이 나를 향하도록 하여 헌화한다. 다시 묵례를 하고 기도나 절을 한다.

(4) 절을 할 때는 손은 평상시 공수와 반대로 남성은 오른손이 위로, 여성은 왼손이 위로 오도록(흉사시 공수) 하고 잠시 묵례하며 명복을 빈 후 큰절을 두 번 올린다. 일어서서 다시 허리를 조금숙여 인사하며 엄숙하게 예의를 표한다. 종교를 갖고 있는 사람은 종교 의식에 따라 기도 또는 묵념을 한다.

(5) 고인에게 평상시 절을 하지 않아도 되었던 상대인 경우에는 절을 하지 않는다.(예 자녀, 손자, 친구의 자녀 상 등)

(6) 상제에게 맞절을 하고 위로의 인사말을 한다. 절은 상제가 먼저 시작하고 늦게 일어나야 한다.

03 | 조의금 봉투 쓰는 법

근조(謹弔), 추모(追慕), 추도(追悼), 애도(哀悼), 조의(弔意), 위령(慰靈), 부의(賻儀), 위령(慰靈), 근도(謹悼) 등 삼가 고인의 명복을 의미하는 내용으로 봉투의 앞면에 기재한다.

04 | 조문 받는 예절

조객 맞을 준비(자택일 때), 상중에는 출입 객이 많으므로 방이나 거실의 작은 세간들을 치워, 되도록 넓은 공간을 사용할 수 있도록 조치한다. 벽에 걸린 화려한 그림이나 장식들을 떼어 낸다. 신발장을 정리하여 조객들이 신발을 넣고 뺄 수 있도록 한다. 겨울에는 현관에 외투 걸이를 준비해 둔다.

05 | 조객의 접대

상제는 근신하고 애도하는 자세로 영좌가 마련되어 있는 방에서 조객을 맞이한다. 문상을 하는 사람이 말로써 문상하지 않는 것이 가장 모범이듯이, 문상을 받는 상주 역시 문상객에게 아무 말도 하지 않는 것이 좋다. 상주는 죄인이므로 말을 해서는 안 되는 것이다. 굳이 말을 한다면 '고맙습니다'. 또는 '드릴(올릴) 말씀이 없습니다.'하여 문상을 와 준 사람에게 고마움을 표하면 된다. 상제는 영좌를 모신 방을 지켜야 함으로 조객을 일일이 죄송하지 않아도 된다. 간단한 음료 및 음식물을 대접한다.

06 | 인사말

(1) 상제의 부모인 경우 : "얼마나 망극하십니까?" 망극(罔極)이란 말은 부모상에만 쓰인다.

(2) 상제의 아내인 경우 : "위로드릴 말씀이 없습니다."

(3) 상제의 남편인 경우 : "어떻게 말씀드려야 좋을지 모르겠습니다."

(4) 상제의 형제인 경우 : "상을 당하셔서 얼마나 비감하십니까?"

(5) 자녀가 죽었을 때 그 부모에게 : "얼마나 상심하십니까?", "참척(慘慽 : 자손이 부모나 조부모에 앞서 죽은 일을 뜻한다.)을 보셔서 얼마나 마음이 아프십니까?"

(6) 가장 많이 쓰는 인사말은 "얼마나 슬프십니까?"이다. 이때 상제는 "오직 슬플 따름입니다."라고 대답한다.

07 | 조위금 전달

(1) 조위금 봉투에는 초상의 경우 '부의(賻儀)'라 쓰는 것이 가장 일반적이다. 그밖에 '근조(謹弔)', '조의(弔儀)', '향촉대(香燭臺)'라고 쓰기도 한다.

(2) 부조하는 사람의 이름 뒤에는 아무것도 쓰지 않아도 되지만 '곡배(哭拜)', '근정(謹呈)', '근상(謹上)'이라고 쓰기도 한다.

08 | 기타 참고사항

(1) 집안 풍습이나 신봉하는 종교가 다르더라도 조문을 갔을 경우 해당 상가의 가풍에 따라 주는 것이 좋다.

(2) 망인이 연만(年晩)하여 돌아가셨을 때 일반에서는 호상(好喪)이라 하여 웃고 떠드는 일이 있으나 삼가 하는 것이 좋다. 호상이란 있을 수 없다.

상사(喪事) 후 감사인사 예시문

감사의 인사 드립니다.

항상 귀댁에 평안과 만복이 함께 하시길 기원합니다.

이번 저희 ○○님 (故 ○○○) 상사 시에 공사다망 하심에도 불구하시고 각별하신 조위와 후의를 베풀어 주시어 장례를 무사히 마치게 되었음을 진심으로 감사드립니다.

의당 찾아뵙고 인사드림이 도리인 줄 아오나 황망중이오라 우선 지면으로 인사드림을 널리 이해하여 주시기 바라오며 건강한 가정에 행운이 늘 함께 하시기를 기원합니다.

○○○○년 ○월 ○일

○○○ 배상

section 02 생활속의 예절

01. 상위자와 보행시 예절

상위자와 하위자가 같이 이동할 때에도 예절이 있다. 그림은 2인, 3인 및 5인이 걸을 때 실례를 표시한 것이다. 자신의 서열에 맞게 이동하는 것도 예절이다.

	2인		3인	5인
↑ 이동방향	② ①	① ②	③ ① ②	① ③ ② ⑤ ④
	동급자끼리 또는 하위자가 상위자에게 설명하며 이동할 경우	하위자가 상위자를 단순히 수행하며 이동할 경우	상위자가 중간에 위치하여 이동할 경우	상위자가 맨앞에 위치하여 이동할 경우

※ 그림에서 ↑는 이동방향을 표시하며 ①은 최상위자를 표시하고 ② 이하는 서열에 따른 동급자나 하위자를 표시한다

O2. 자동차 탑승시 예절

양쪽 문을 모두 열 수 있을 때 차량의 두 문을 각자 이용하되, 상위자가 먼저 탑승하고, 하차 시 하위자가 먼저 내린다. 택시의 경우 여성은 운전기사 옆에 앉지 않는다. 짐은 택시 운전기사가 취급토록 한다. 우리나라는 택시의 경우 자동차의 우측통행으로 인하여 도로에서 정차한 경우 안전을 위하여 하위자가 먼저 안쪽으로 들어가고 상위자가 나중에 탄다.

승용차의 경우, 운전자가 있는 경우 최상위자는 뒷자리 우측 ①에 승차하며 하위자는 ②, ③, ④서열의 좌석에 탑승한다. 승용차 주인이 운전할 경우 최상위자는 앞자리 우측 ①에 승차하며 하위자는 ②, ③, ④서열의 좌석에 탑승한다.

〈승용차 운전기사가 있는 경우〉

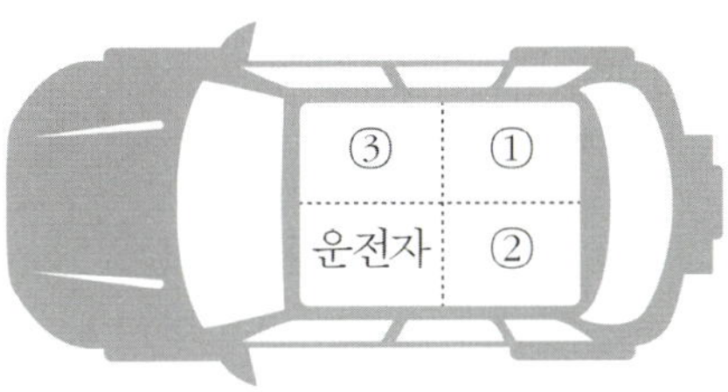

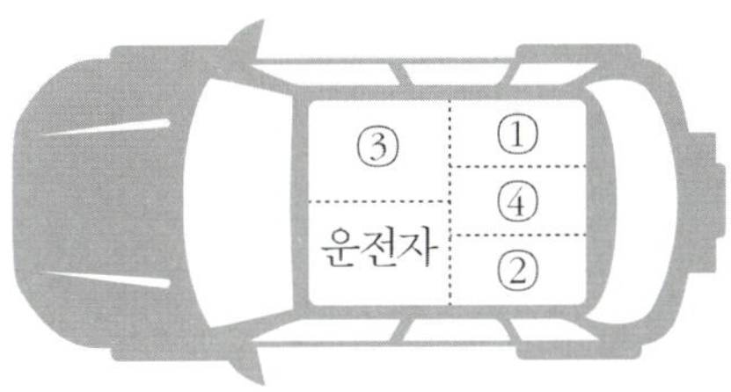

〈승용차 주인이 운전하는 경우〉

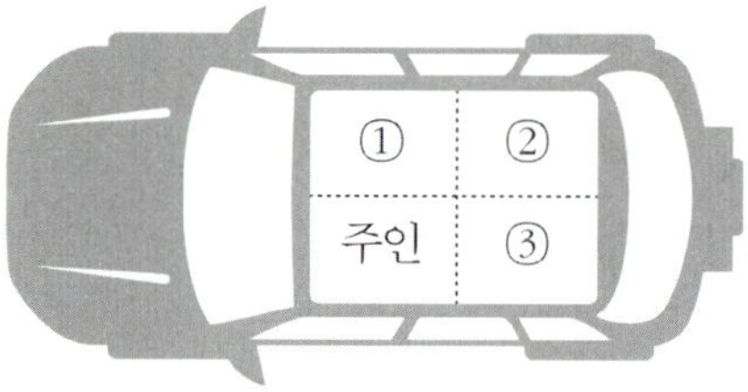

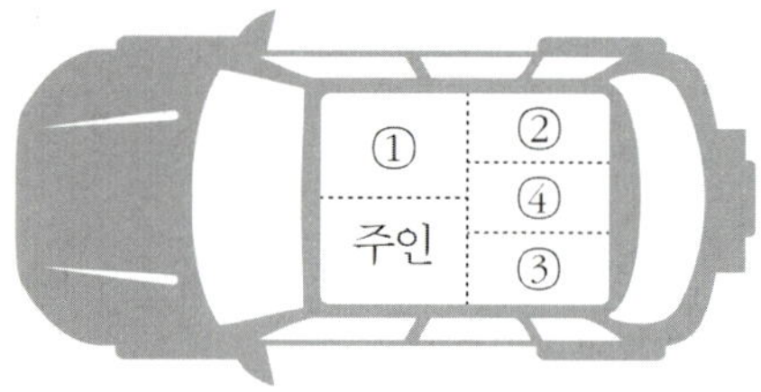

03. 승강기 탑승예절

〈승강기 상석위치〉

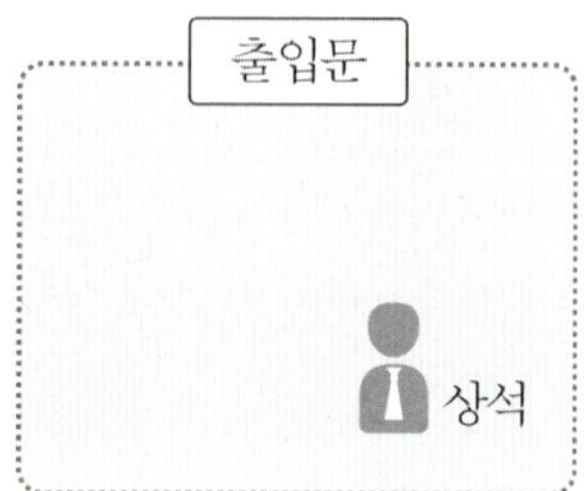

안내원이 있는 승강기(엘리베이터) 탑승 시는 상위자가 먼저 타고먼저 내리는 것이 원칙이다. 승강기 내에서의 상석은 들어가서 돌아선 방향에서 우측 안쪽이다.

안내원이 없는 승강기의 경우에는 하위자가 먼저 타서 상위자와 나머지 사람들이 타는 동안 안전을 위하여 'OPEN' 버튼을 누르고 있는 것이 예의이다. 내릴 때는 반대로 상위자가 먼저 내리고 하위자가 나중에 내린다. 이미 닫히기 시작한 승강기는 포기하고 다음 승강기를 이용토록 한다.

승강기의 이용도가 부쩍 늘고 세상이 바빠지다 보니 예절도 상황에 따라 편리한 방향으로 달라지고 있다. 현재는 남녀노소를 불문하고 승강기 문에 가깝게 서 있던 사람부터 먼저 타고 내릴 때에도 같은 요령으로 하는 것이 보편화 되고 있는 것 같다.

04. 계단 에스컬레이터 예절

계단에서는 올라갈 때 상위자가 먼저 올라가는 것이 예의이다. 여성과 같이 올라 갈 때에는 남성이 앞장서는 것이 좋다. 내려갈 때는 상위자 및 여성이 먼저 내려가는 것이 예의이다.

에스컬레이터 이용 시는 바쁜 사람들이 갈 수 있도록 왼쪽을 비워두고 이용한다. 다만, 요즈음에는 안전사고 위험 또는 고장의 원인이 될 수 있다 하여 두 줄로 이용하자는 의견이 있으므로 상황에 맞게 행동하면 된다.

05. 흡연 매너

담배를 피울 때 지켜야 할 기본 매너를 살펴보면 다음과 같다.

(1) 금연구역에서의 흡연은 법으로 엄격히 규제, 벌금을 한다. 흡연은 지정된 구역에서 해야 한다.

(2) 담뱃불을 빌리기 위해 모르는 사람을 불러 세워서는 안 된다.

(3) 방문 시에는 상대방이 권하기 전에 담뱃갑을 꺼내지 않는다.

(4) 담배를 권할 때는 한 개비를 완전히 꺼내지 말고 반쯤 꺼내서 담뱃갑을 내밀어 권하는 것이 좋다.

(5) 자신의 담배에 불을 붙이기 전에 상대방의 담배에 먼저 불을 붙여 준다. 단 성냥인 경우에는 황 냄새가 어느 정도 가신 뒤 불을 붙여주도록 한다.

(6) 여성이 라이터나 성냥을 꺼내면 곁에 있던 남자는 서둘러 불을 제공한다. 이 경우 여성은 이미 불을 켰더라도 끄고 나서 남성의 호의를 받아들여야 한다.

(7) 가능한 한 담배에서 담배로 직접 불을 붙이지 않도록 한다.

(8) 담뱃재를 조심한다. 식후에 빈 그릇에 담뱃재를 터는 것은 우리나라 사람들이 범하기 쉬운 실수이다.

(9) 담배 연기를 다른 사람의 얼굴에 뿜지 말아야 한다.

(10) 담배 꽁초를 아무 데나 버리지 않도록 조심한다.

(11) 시가나 파이프는 궐련과 달리 냄새가 지독한 것이 있으니 주위 사람을 의식하는 것이 좋다.

(12) 손윗사람이나 여성이 함께 있을 때는 양해를 구하고 피우는 것이 예의이다.

(13) 보행 중 담배를 피우는 것은 공중도덕에 어긋나는 행위이다.

(14) 상대가 성냥을 찾는 경우가 아니면 매번 담뱃불을 붙여줄 필요는 없으며, 여러 사람에게 담뱃불을 제공할 때 직위, 연령순으로 한다.

(15) 실외에서도 재떨이가 없는 곳에서는 흡연을 삼가 한다.

(16) 사무실 내에서는 금연 하고 흡연실에서만 피운다.

(17) 상사나 손님이 담배를 꺼냈을 때, 먼저 불을 붙여주는 것이 아니라 성냥이나 라이터를 찾을 때만 불을 붙여 준다.

(18) 담배를 권하는 것도 예절이지만 사양하는 것도 예절이다.

(19) 불부터 붙인 다음 재떨이를 찾는 것은 예의에 어긋난다.

06. 회의 · 행사 · 영접 예절

01 | 좌석배치 예절

회의 · 행사 · 영접 등에서 좌석배치는 매우 중요한 예절이므로 숙지해야 한다. 좌석배치는 공식, 관행에 따라 서열을 존중하여 한다. 국제적으로 우측을 상석으로 함을 원칙으로 한다. 테이블 형태결정은 원형, 사각형 등에 따라 배치를 상이하게 할 수 있다. 테이블의 최상석 결정은 출입문으로부터 원거리, 전망 좋은 곳을 원칙으로 한다. 좌석배치 시 최상위자 및 주빈 좌석을 우선적으로 고려하여 정한다.

(1) 좌석형태에 따른 좌석배치

〈원형〉

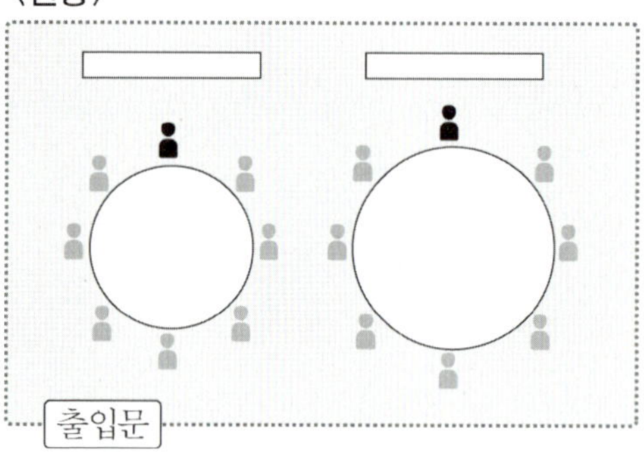

〈타원형〉

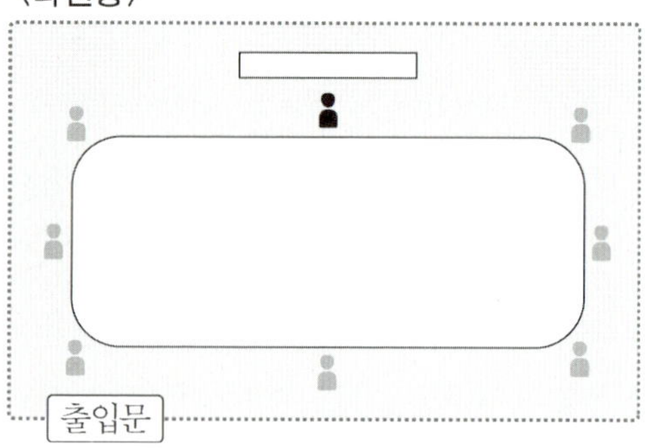

〈정방형〉

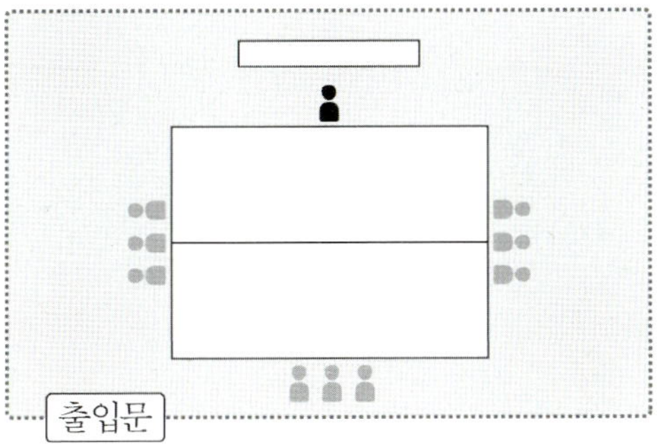

〈장방형〉

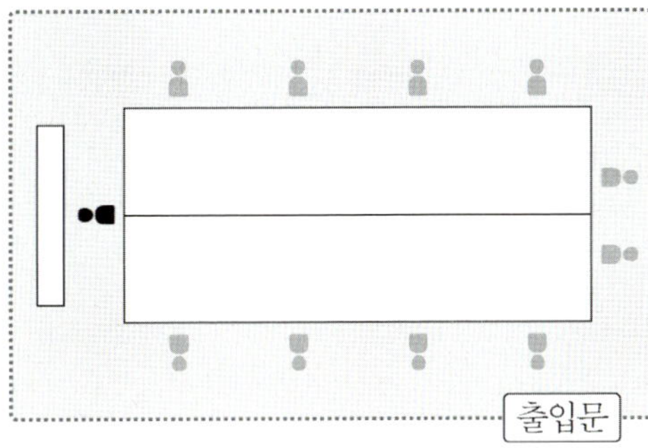

동일서열시 외국인을 우대한다. 일반적으로 부부는 별도로 배치하여 나란히 또는 마주보고 앉지 않도록 배치한다.

다수 테이블 사용시 테이블마다 직업별로 골고루 배치한다. 대규모 연회 또는 서열구분이 모호할 경우 헤드테이블만 지정한다.

(2) 좌석배치 설례

〈상석에 1인이 앉는 경우〉

그림에서 ①은 최상위자의 좌석표시이며 최상위자측에서 보아 ②우 ③좌 등 서열에 따라 착석한다.

〈상석에 3인이 앉는 경우〉

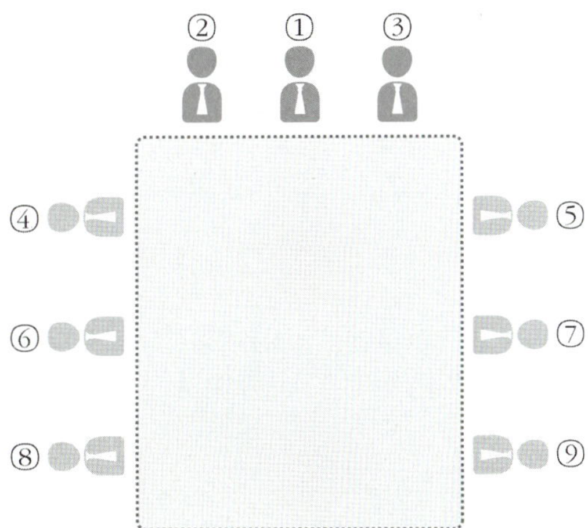

그림에서 ①은 최상위자를 표시하며 최상위자 측에서 보아 ②우 ③좌 등 서열에 따라 착석한다.

〈주인측과 손님측이 맞보고 앉을 경우〉

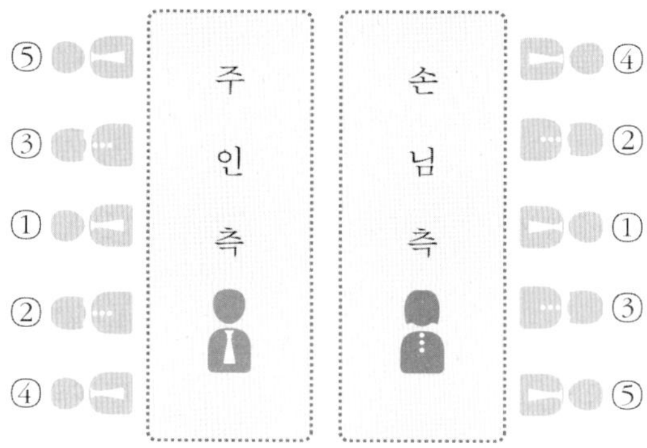

그림에서 양쪽 ①은 각각의 최상위자를 표시하며 최상위자측에서 보아 ②우 ③좌 등 서열에 따라 착석한다.

⑶ 응접의자형 좌석배치 실례

〈주인보다 하위자가 방문하는 경우〉

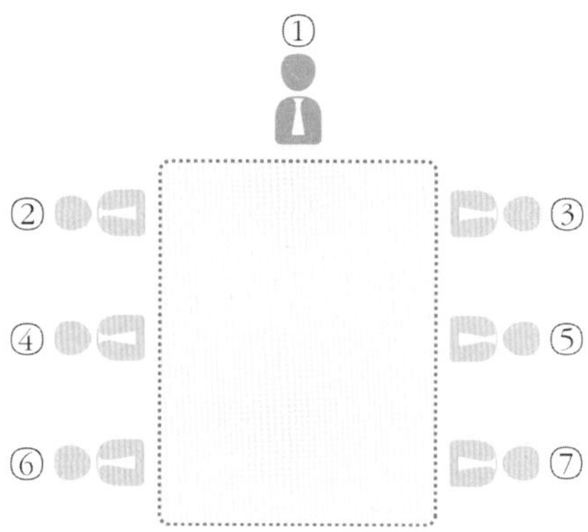

그림에서 ①은 주인인 최상위자를 표시하며 주인은 원래의 자리를 지키고, 외부 손님은 서열에 따라 착석한다.

〈주인과 동급이거나 상위자가 방문하는 경우〉

주인과 동급이거나 상위자가 방문하는 경우 주인석을 비워둔 채 가장 상위자의 맞은편에 착석하는 것이 원칙이다.

07. 여성존중 예절

01 | 여성존중의 기원

오늘날 전 세계적으로 통용되는 여성존중은 멀리 서양의 기독교 정신이나 중세의 기사도에서 그 기원을 찾고 있다. 남성은 무엇보다도 먼저 여성존중의 몸가짐을 몸에 익히도록 하는 것이 중요하다.

02 | 여성 존중의 일반원칙

서양에서는 방이나 사무실을 출입할 때 여성을 앞세우고, 길을 걸을 때나 자리에 앉을 때는 여성을 오른쪽에 위치하도록 하며, 또 상석에 앉도록 하는 것이 원칙이다.

03 | 문을 들어서고 나갈 때

문을 열고 닫을 때, 뒤에 오는 사람을 위해서 잠시 문을 잡아주는 것은 일반적인 예의이다. 남녀가 같이 문을 들어서고 나갈 때는 남성이 문을 열고 먼저 들어가거나 나가서, 여성을 위하여 문을 잡아 주는 것이 좋다.

좁은 계단을 올라갈 때는 남성이 여성보다 앞서고 내려갈 때는 여성이 앞서는 것이 예의이다.

04 | 승강기를 탈 때

승강기를 탈 때는 내리는 사람이 전부 나온 후 타는 것이 상식이다. 남성은 아주 복잡하지 않는 한, 여성이나 어린이 그리고 노인을 앞세운 후 타고 내리는 것이 예의이다.

승강기내에서는 잡담을 금하고 악수를 하지 않으며 시선은 층계 표시등이나 벽에 부착된 글자를 보는 것이 예의이다. 특히 여성이 함께 타고 있을 때에는 불쾌한 언행을 해서는 안 된다. 아파트나 호텔 승강기에서는 여성이 타면 남성은 모자를 벗어 손에 들어야 한다.

05 | 길을 걸을 때

길을 걸을 때나 앉을 때에 남성은 여성을 우측에 위치하도록 하는 것이 예의이다. 서양에는 "A lady on the left is no lady."라는 말까지 있다. 단, 차도 옆의 보도에서는 위험하므로 여성을 보호하기 위해 남성이 차도 쪽에서 걷는 것이 예의이다.

06 | 여성혼자 있는 사무실 등 방문할 때

여성혼자 있는 사무실 등을 방문 시 출입문을 조금 열어 놓는 것이 좋다. 경우에 따라서는 공공장소에서 만나는 것이 좋다. 반대로 남성이 여성 손님의 방문을 받았을 때도 마찬가지이다.

07 | 여성존중과 여성

'레이디 퍼스트' 대접을 받는 여성들도 여성으로서 지켜야 예의가 있다. 서양 에티켓에서는 "여성은 결코 오만불손해서는 안되며, 언제나 친절 · 선의 · 품위 · 총명 · 절도 · 예의 등을 갖고, 우아하고 아름답게 행동할 것"을 강조하고 있다.

여성들 중에는 '레이디 퍼스트' 대접을 받을 때, 친절을 그대로 받아들이지 못하고 우물쭈물 눈치를 살피는 사람이 적지 않으나 그럴 필요가 없고 또 그래서도 안된다.

'레이디 퍼스트' 대접을 받으면 미소를 짓고 "감사합니다" 하면서 가볍게 목례를 하고, 부담 없이 호의를 받는 것이 좋다.

Chapter 10 직장예절

section 01 직장예절의 개요

01. 직장예절의 의미

직장은 계층과 연령이 서로 다른 사람들로서 구성된 조직 사회이다. 출생, 성장, 교육, 취미, 소질, 가치관이 각기 다른 이질적인 사람들이 모여, 공동의 목표 아래 서로 협력하여 조직적으로 일하는 곳이다. 일반 사회 생활과 조직 사회인 직장 생활이 서로 다른 점은 직장에는 나름대로의 특유한 규범이 있으며 공동의 목표를 갖는다는 점이다. 따라서 개개인은 조직의 목표와 규범에 맞추어 자신의 특이성을 조화시켜야 하기 때문에 직장 사회에서 요구하는 예절은 더욱 엄격하다.

일반적인 예절이 인간으로서의 자기 관리와 사회인으로서의 대인 관계를 원만히 이루어 나가기 위한 것임과 같이, 직장 예절은 직장인으로서의 자기관리와 대인 관계를 공동의 목표 성취를 위한 방향으로 이루어 나가기 위한 것이다.

02. 직장예절의 중요성

직장에는 최소한의 기본수칙이나 규범이 있다. 개성과 성격이 상이한 사람들이 모여 공동의 목표를 추구하는 직장에서 자신이 지켜야 할 행동규범을 지키지 않을 때 모래알 같은 조직이 될 수 있다. 직원들 간에 예의있는 행동, 즉 에티켓이 잘 지켜지는 회사일수록 업무 능률도 향상되고, 일터에서 느끼는 보람도 클 것이다. 직장예절은 지식으로 익히는 것이 아니므로 예절이 몸에 베도록 하기 위해 반복적이 훈련이 필요하다.

03. 직장예절의 기본요소

01 | 따뜻한 마음

(1) 고객에 대하여 : 희망과 봉사, 감사하는 마음

(2) 상사에 대하여 : 존경하는 마음과 보좌하는 마음

(3) 선배에 대하여 : 존경하고 따르는 마음

(4) 동료에 대하여 : 협력하는 마음

(5) 후배에 대하여 : 격려와 칭찬을 아끼지 않고 지도해 주는 마음

02 | 자제하는 마음

직장 내에서는 자신의 감정을 언제든지 자제할 수 있어야 한다.

03 | 자기관리

개성을 돋보이려고 하지 말고, 남과 잘 어울리도록 한다.

04 | 공평한 마음

힘들고 어려운 일일수록 나서서 할 수 있는 더불어 사는 지혜, 남을 위한 수고를 아끼지 않는 마음 씀씀이가 조직을 성장시키는 큰 힘이 된다.

05 | 믿음과 공신력

믿음이야말로 인간 삶의 기간이며 추구하여야 할 덕목이다.

06 | 공과 사를 분명하게 한다.

07 | 주인의식

직장에 대하여 자부심과 긍지를 갖고 회사를 대표하고 있다는 주인의식을 갖고 내부 조직을 다른 사람에게 비판하는 태도를 가져서는 안된다.

08 | 정직과 성실

항상 정직하고 성실하여야 하며 부정에 대하여 비겁하게 타협하지 않는다.

04. 직장인의 마음가짐

01 | 올바른 직업관을 세운다.

직업을 특정한 가치를 얻어내는 수단으로만 생각한다면 어떠한 직업에서도 만족을 느낄 수 없다. 직업은 인생의 목적을 성취시켜 주는 수단이기도 하지만, 한편으로 직업 활동 자체가 곧 인생의 목적이라고도 할 수 있다. 일정한 직업에 오래도록 종사하려는 마음가짐이 필요하다. 말하자면 천직 의식을 가져야 한다는 것이다. 모든 직업은 평등하다는 관념이 필요하다. 어떤 직업이든 그 나름대로 국가와 사회에 기여하며 또 불가결한 것이기 때문이다.

02 | 버려야할 것들

(1) 무사안일

나에게 직접적인 영향이 없으면 된다는 식의 방관적인 자세는 절대로 안된다.

(2) 이기주의

회사의 구성원으로서 긍지는 갖지 못하고 우리 모두보다 개인의 일만 집착해서는 안된다.

(3) 적당주의

다른 부서의 일에는 배타적이고 지시받는 일 이외에는 관심을 두지 않는 적당주의는 업무를 익히는 데 최대의 걸림돌이다.

(4) 편협한 자세

장기적인 효과보다는 단기 실적에만 급급하고, 전체의 효율보다는 나의 실적에만 관심을 두는 행동은 삼가한다.

section 02 직장예절 실무

01. 대인관계 예절

01 | 상급자에 대한 예절

(1) 상사로부터 신임을 받기를 원한다면 불평을 하기 전에 스스로 상사를 이해하고 존경하는 태도를 길러야 한다.

(2) 상사에게 업무지시를 받을 때에는 명확하게 반응을 보이고 정확하게 처리한다.

(3) 상사가 부를 때에는 밝은 표정으로 대답을 하고 필기도구 및 메모지를 들고 간다.

(4) 상사의 명령 도중에는 말참견을 하지 말고 끝까지 듣는다.

(5) 상사의 지시사항이 장기적일 때는 중간보고를 한다.

(6) 상사가 자신에게 주의를 주는 것은 나 자신의 잘못이나 결점을 깨우쳐주어 성장을 촉진시켜주고자 함임을 기억하고 감사하는 마음을 가져야 한다. 감정적으로 받아들이지 말아야 한다.

(7) 자신의 책임을 타인에게 전하지 말아야 한다.

02 | 하급자에 대한 예절

(1) 상사는 스스로 모범이 되어 솔선수범해야 하며 상사의 솔선수범은 부하 직원을 따르게 하는 통솔력이 된다는 것을 명심한다.

(2) 부하 직원에게 주의를 줄 때는 감정을 자제하고 냉정한 기분으로 말을 한다.

(3) 부하 직원에게 주의는 둘이서만 만날 수 있는 장소를 선택하여야 한다.

(4) 다른 사람과 비교하는 일을 삼가한다.

(5) 상사는 "수고했어", "잘했어" 등 칭찬과 격려를 아끼지 말아야 한다.

(6) 자신이 저지른 과오는 부하 직원에게 전가시키는 것은 금물이다.

(7) 부하의 인격을 존중하며 사사로운 심부름 부탁은 삼가야 한다.

(8) 상사는 항상 부하 직원이 최대한 창의력을 발휘하여 일할 수 있도록 분위기 조성에 힘쓴다.

03 | 동료에 대한 예절

(1) 유쾌한 협력 관계 유지하자

동료는 직장에서 가장 가까운 친구이므로 우애가 깊어야 하고, 직무면에서 경쟁 당사자라도 인간적으로 서로 존중하며 친하게 어울린다. 친절을 바라거든 내가 먼저 동료에게 친절을 베푸는 것이 중요하다.

(2) 동료들의 장점을 찾자

단점은 쉽게 보이지만 장점은 쉽게 보이지 않는다. 단점은 못 본체하고 장점을 발견하면 내 것으로 소화시키고 기회를 보아 칭찬한다. 내가 남의 장점을 발견하여 칭찬하면 그 사람도 나의 장점을 발견하고 나에게 돌려준다.

(3) 동료의 상처를 감싸준다.

동료가 어떤 일에 오류가 있다면 다른 동료가 모르게 살며시 조언한다. 조언을 할 때는 상대방의 자존심을 상하지 않도록 언어에 조심한다. 동료의 결점이나 험담을 잘하는 사람은 우수한 자라도 인생으로는 실패자라 할 수 있다.

(4) 동료와 의견이 다를 때

상대가 나의 의견을 따르도록 하기 위해 이성을 잃고 감정적으로 대응해서는 안 된다. 상대의 의견을 존중하면서 나의 생각을 표현하여 의견을 교환한다.

04 | 사무실내 호칭 예절

(1) 상위자에 대한 올바른 호칭

상사의 성과 직위 다음에 '님'의 존칭('김국장님', '이과장님')을 붙인다. 익숙하거나 성명을 모르면 직위에만 '님'의 존칭('국장님', '과장님')을 붙인다. 상사에게 자기를 지칭할 경우 '저' 또는 성과 직위나 직무명을 사용("김과장입니다.", "인사과장입니다.") 한다.

(2) 하위자 또는 동급자에 대한 올바른 호칭

하위자나 동급자에게는 성과 직위 또는 직무명으로 호칭('김과장', '인사과장') 한다. 초면이나 선임자, 연장자일 경우 '님'을 붙이는 것이 상례이다. 하위자나 동급자간에 자기의 호칭은 '나'를 사용한다.

(3) 차 상위자에게 상위자 호칭

예를 들어 계장이 국장 앞에서 과장의 지시를 보고 할 때 "김과장이 지시한 일이 있습니다"라고 한다.

(4) 유의해야 할 호칭

① 상사에 대한 존칭은 호칭에만 쓴다.('장관님실' → '장관실')
② 문서에는 원칙적으로 상사의 존칭을 생략한다.('장관님 지시' → '장관 지시')
③ 본인(예 장관)이 임석 하에 지시를 전달 할 때는 님을 붙인다.("장관님 지시 사항을 전달하겠습니다.")

05 | 안내예절

(1) 복도

방문객의 두 걸음쯤 앞에서 한쪽으로 비켜 선 자세로 앞서 안내한다. 가끔 뒤돌아보며 방문객의 발걸음과 맞추어 떨어지질 않도록 주의한다. 모퉁이를 돌 때는 돌아보면서 방문객과의 거리를 확인하며, 가야 할 방향을 손으로 가리킨다.

(2) 계단

계단을 오를 때는 손님보다 한두 계단 뒤에서 안내하며 올라간다. 계단을 내려올 때는 손님보다 한두 계단 앞서 내려오며 안내한다. 상사와 함께 계단을 오를 때는 상사를 먼저 오르도록 하여 뒤따르는 것이 예의이다.

또한 남녀가 함께 계단을 오를 때는 남자가 앞서 오르고 내려갈 때는 여자가 앞서 내려간다. 계단의 손님 위치는 중앙이며, 나선형일 때는 안쪽이다.

(3) 엘리베이터

① 방문객에게 사전에 방문 층을 알려주는 것이 매너이다.
② 엘리베이터 내에서의 상석은 들어가 좌측이다.
③ 상위자가 중앙에 선 경우에는 그 주위에 서도록 한다.
④ 엘리베이터 안이 혼잡할 때 : 층을 방문객에게 알림.
⑤ 탑승시에 승무원이 있을 경우에는 방문객이 먼저 타고 안내자가 나중에 탄다. 반면 내릴 때는 안내자가 먼저 내리고 방문객이 나중에 내린다. 반면 승무원이 없을 경우는 방문객이 먼저 내리고 안내자가 나중에 내린다.

(4) 응접실

① 응접실까지 안내하면 "여기입니다"하고 알린다.
② 아무도 없더라도 반드시 노크한 후 문을 열도록 한다.

③ 당기는 문은 문을 열고 방문객이 먼저 들어가고 나중에 들어간다. 미는 문 : 문을 열고 먼저 들어가고 방문객이 들어 올 때까지 기다린다.
④ 자리를 권할 때는 상석은 입구 쪽에서 가장 먼 곳이고, 창문이 있는 경우 경치가 좋은 자리가 상석이다.
⑤ 사무실과 함께 있는 경우는 책상에서 멀리 떨어진 자리가 상석이 된다.
⑥ 방문객의 옆에 서서 '이쪽으로 앉으십시오.'라고 오른손으로 가리키며 말한다.
⑦ 만일 자리를 권하기 전에 방문객이 아랫자리에 앉았을 때는 '저쪽으로 앉으십시오.'라고 말하며 상석을 권한다.
⑧ 면담 중 응접실에 들어갈 때는 노크를 한 다음 문을 열고 들어가 가볍게 목례를 한다.
⑨ 면담 중에 연락하는 방법은 연락 내용은 반드시 메모를 하여 전한다.
⑩ 면담 중 상사가 인사차 들어 왔을 때 는 반드시 일어나서 상사를 손님에 소개한다. 소개가 끝나면 손님과 상사가 앉은 다음에 자신도 앉는다.

06 | 고객응대

(1) 내부고객과 외부 고객

내부고객은 업무가 잘 수행되어진 결과로 부가가치를 얻게 하는 직장 내의 모든 사람들을 의미하며, 외부고객은 회사의 실제적인 자본을 공급해 주는 최종 소비자(주주, 협력회사, 지역주민 등)를 의미한다.

(2) 내부 고객 응대

모든 팀의 구성원이 상호 의존하고 업무를 이해하는 열린 커뮤니케이션을 하기 위한 목적이다.

① 기업 : 직원에게 끊임없는 자긍심 심어준다. needs와 wants 정확하세 파악, 접목한다.
② 직원 : 좋은 직업은 내가 만드는 것이라는 자세가 필요하다. 끊임없는 배려와 고객만족경영이 필요하다.

(3) 외부 고객 응대

① 고객 만족을 통해 재구매, 재방문, 로열티고객을 창출한다. 이는 기업에게 부가가치를 제공한다.

② 퍼스널 브랜드 전략을 통해 고객만족을 추구한다.

(4) 고객 응대 명심 사항

① 고객의 입장에서 생각하라.

② 투철한 서비스 정신으로 무장하라.

③ 원만한 성격으로 대인관계를 원만히 하라.

④ 고객의 마음에 들도록 노력하라.

⑤ 모든 것을 긍정적으로 생각하라.

⑥ 자신감을 가지고 자긍심을 가져라.

⑦ 고객을 공평하게 대하라.

⑧ 공사를 구분하라.

⑨ 인내하고 끊임없이 반성하고 개선하라.

07 | 차 접대 매너

(1) 적당한 시간을 택하여 차를 낸다.

(2) 노크를 두 번 가볍게 하고 응답을 기다리지 말고 "실례합니다"라는 말과 함께 목례를 하며 들어간다. 이 때 한 손으로는 쟁반을 꼭 잡고, 다른 한 손으로는 문을 연다.

(3) 문을 조용히 닫고 쟁반을 가슴높이로 하여 인사를 드린다.

(4) 보조테이블에 쟁반을 내려 놓는다.

(5) 쟁반의 가까운 쪽으로부터 차를 낸다. 받침접시를 오른손으로 쥐고, 왼손으로 받쳐 두 손으로 정중하게 손님 앞으로 옮긴다.

(6) 상석부터 한 사람씩 차를 낸다. 찻잔을 내려놓는 위치는 손님의 정면에서 약간 우측,

테이블 끝에서 10cm가량 안쪽이 적당하다. 커피 잔의 경우, 손잡이는 손님이 보는 방향에서 오른쪽으로 향해야 하며, 티스푼은 받침접시의 오른쪽에 놓는다.

(7) 차를 다 낸 다음에는 쟁반의 표면이 몸 쪽을 향하도록 하여 두 손으로 쥔 다음에 까듯이 인사를 한다.

(8) 인사한 다음에는 손님에게 등을 보이지 않도록 하여 뒤로 물러서듯 조용히 나오며, 손님이 보지 않더라도 문 앞에서 다시 한번 목례를 한다.

02. 근무자세

하루의 절반을 생활하는 직장은 여러 사람이 모인 곳이다. 밝은 분위기를 위해서는 서로가 서로를 존중하는 마음과 행동이 근본이다. 근무 중의 자세는 일에 대한 마음의 표현이며 또 자세가 좋은 사람은 상대방에게 그것만으로도 호감을 주고 신뢰감을 준다. 근무하는 동안 좋은 자세를 유지하는 것이 아름답게 보이며 업무의 능률도 올리는 지름길이다.

01 | 근무하는 동안 좋은 자세

(1) 기본자세 : 허리와 가슴은 펴고, 머리는 곧게 입가엔 미소를 띄운다.

(2) 걸음걸이 : 시선을 앞을 보고, 턱은 당기며, 어깨는 힘을 빼고 걷는다.

(3) 책상, 의자에 앉는 자세 : 책상과 윗몸 사이는 적당히 띄우고 등받이에 기대지 않는 자세로 허리를 곧게 펴고 있다. 올바른 자세는 무엇보다도 자신의 신체건강을 유지시켜준다.

02 | 근무할 때 삼가야 할 태도

(1) 업무와 관계없는 일, 비효율적인 독서, 장시간 신문보기 등은 삼가한다.

(2) 큰소리로 떠들거나 고함을 치는 일이 없도록 한다.

(3) 구두, 슬리퍼 소리를 요란하게 내고 다니지 않도록 한다.

(4) 친구, 친척은 퇴근 후 만나도록 하며, 근무 중 방문한 경우는 짧게 끝낸다.

(5) 자리를 비울 경우에는 행선지, 용건, 귀사예정시간 등을 반드시 상사에게 보고하고, 자리에 돌아왔을 때에도 보고 후 업무에 임한다.

(6) 통화 중, 계산을 하고 있는 사원에게 용무가 있을 때는 끝나기를 기다렸다가 말을 건다.

(7) 책상이나 서류함에 걸터앉지 않는다.

(8) 남이 보는 데서 화장을 고치거나 업무 중에 사적인 통화를 자주 하거나 길게 하지 않는다.

(9) 의자에 반 누운 상태에서 작업을 한다든가, 의자에 앉은 채 미끄럼을 타듯 자리이동을 한다든가, 사무실 내에서 담배를 피우는 행동은 삼가한다.

03. 근무예절

01 | 출근

(1) 정규 출근시간 15분전까지 도착하여 간단한 청소, 정리정돈을 하고 하루의 일과계획을 점검한다.

(2) 사무실에 들어서면 인사를 망설이지 말고, 상사나 동료를 향해 "안녕하십니까"라고 크고 밝은 목소리로 먼저 인사합니다. 인사는 직장생활의 윤활유이다.

(3) 부득이한 사정으로 결근, 지각을 했을 경우에는 상사에게 솔직하게 사유를 보고한다. (슬그머니 자리에 앉는 것은 좋지 않는다.)

(4) 아침의 기분이 하루의 기분을 좌우한다. 일단 회사에 출근하면 의도적으로 밝은 표정을 만들도록 노력한다.

(5) 통화 중에는 상사가 출근할 때나 상사가 통화 중에 본인이 출근할 때는 가볍게 목례를 한다.

02 | 근무

(1) 회사의 규정을 준수하며 단정하고 예의바른 집무태도를 갖는다.

(2) 개인적인 전화나 잡담을 삼가한다.

(3) 회사의 사무용품이나 비품을 사용한 후에는 반드시 제자리에 놓아둔다.

(4) 근무시간 중에 업무와 관련이 없는 책을 읽는다든지 개인적인 일은 하지 않는다.

(5) 점심시간은 정해진 시간 이상으로 보내지 않는다.

(6) 임무를 부여받은 시간보다 더 앞당겨 마치도록 노력한다.

(7) 매일 업무에 관련된 모든 문서의 정리, 분류, 보관이 밀리지 않도록 한다.

03 | 퇴근

(1) 문서와 서류는 보관함에 넣고 안전장치를 확인한다.

(2) 인계사항을 확인하고 내일 할 일을 간단하게 기록해 둔다.

(3) 전화 약속을 여러 곳에 해둔 채로 퇴근하는 일이 없도록 한다.

(4) 상사나 남아 계시는 분들께 “먼저 퇴근하겠습니다. 먼저 나가겠습니다. 저 실례합니다.” 등 간단한 인사를 잊지 않도록 한다.

(5) 먼저 퇴근하는 사람에게 “수고하셨습니다.”, “안녕히 가십시오.” 등으로 상호 인사를 나눈다.

(6) 퇴근시간 전에 미리 퇴근준비를 하지 않는다.

(7) 전자제품(컴퓨터, 복사기 등) 전원을 껐는지 확인한다.

(8) 의자를 책상 안으로 밀어 넣고, 지저분한 상태로 퇴근해서는 안된다. 책상 위에는 사적 용품이나 불필요한 물건은 치우고 반드시 필요한 물건, 용품, 자료만 놓는다.

04 | 이석, 외출

(1) 이석 시는 소재를 분명히 한다.

(2) 이석 시에는 반드시 목적지를 주위에 알린다.

(3) 책상을 간단히 정리하고 서류를 서랍 속에 넣는다.

(4) 화장실을 갈 때에는 주위에 알릴 필요가 없다.

(5) 외출 시에는 상사의 허가를 받는다.

(6) 외출 시에는 행선지, 목적, 소요시간을 보고하고 허가를 받는다.

(7) 근무 시 무단으로 사적 외출을 해서는 안된다.

(8) 외출지에서 퇴근시간을 넘길 경우 전화를 걸어 상사에게 현지 퇴근을 알린다.

Chapter 11 해외여행 예절

section 01 출국 전

01. 사전 준비

해외여행에 대한 상식과 요령을 숙지하여 보다 편안하고 즐거운 여행을 할 수 있을 것이다. 해외여행의 성패는 사전 준비에 달려 있다고 해도 지나침이 없다.

01 | 계획 세우기

여행의 목적, 일정, 경유지와 목적지, 교통편, 수각, 경비 등에 대해 사전에 철저히 계획을 세운다. 여행 국 에 대해 잘 알지 못한 채 이러한 계획을 스스로 세운다는 것은 불가능한 일이므로 가능한 한 정보를 수집하는 일이 선행되어야 하겠다.

02 | 서류준비

항공권 예약, 여권, 비자, 국제 면허증, 국제 학생증, 렌트카, 신용카드, 환전 등 많은 준비가 필요하다.

해외여행 시 반드시 갖추어야 할 요건은 여권, 비자, 외화이다.

03 | 짐 꾸리기

꼭 필요한 물건을 빠트리거나 현지에서도 쉽게 조달할 수 있는 물건을 모두 가지고 가느라 고생하는 사람들이 있다. 뿐만 아니라 비행기 탑승 시 개인이 소지할 수 있는 화물을 무게 제한을 받으므로 가급적 최소화한다. 또한 상할 수 있는 음식은 사전에 쉽게 상하지 않는 음식으로 대체하여 준비한다.

02. 항공권

01 | 예약

미리 예약하고, 좌석 예약은 출발 72시간 전에 재확인 절차를 밟아야 한다. 항공사측에서는 일방적으로 예약을 취소할 수 있는 권리를 약관상 보유하고 있으므로 좌석이 부족하면 재확인 연락이 없는 예약부터 취소시키므로 주의한다.

02 | 유효기간

단수일 경우 발행일로부터 1년간, 복수인 경우 여행 개시일로부터 1년간 유효하다. 이 기간 중에는 언제든지 사용, 취소, 환불이 가능하다.

03. 출입국 절차

그 나라의 얼굴이며 관문인 공항에서의 절차에 대해 간단히 살펴보면 다음과 같다.

01 | 항공사의 체크인

이륙시간보다 최소한 2시간 전에 공항에 도착하여야 탑승 수속을 마칠 수 있다.

02 | 보안검사

면세점이 설치되어 있는 탑승구 앞까지 가기 위해서는 보안 검사를 비롯하여 세관 검사, 출입국 검사, 검역 등의 절차를 거친다.

- 독일을 여행하고 돌아오던 부인이 주방용 칼을 한 보따리 들고 기내에 탑승하려다가 적발되어 곤욕을 치렀다고 한다. 흉기로 오해받을 수 있는 물건들은 직접 휴대하지 말고 체크인 할 때 가방에 넣어서 보내도록 한다.

03 | C.I.Q

세관검사(Customs), 출입국 심사(Immigration), 검역(Qurantine)의 이니셜을 따서 C.I.Q라 부르는데 이것은 보안검사 후 실시된다. 입국하는 승객들에게는 C.I.Q 정반대로 실시된다. 세관검사에서는 고가 외제품을 모두 신고해야 한다. 소홀히 했다가는 입국할 때 외국에서 구입한 것으로 간주되어 관세를 내야만 도기 때문이다. 출·입국 심사에서는 여권, 탑승권과 함께 출국 신고서나 입국 신고서를 제출하여 스템프를 받는 일로 여행자의 출입국이 합법적인지 심사함. 검역에서는 전염성 병균을 지니고 입국하는 것을 막기 위한 절차이지만 생략되는 경우가 많다.

04 | 입국 절차

비행기 착륙 전 기내에서 작성한 입국신고서와 함께 여권을 제시하면 입국심사관 대부분 특별한 검사 없이 통과시킨다. 다음에는 자신의 가방을 찾아 나오면 된다. 여러 개의 가방을 소지한 경우에는 각각의 가방에 같은 색의 리본을 달아 놓으면 자신의 가방을 찾기 쉽다.

Tip 해외여행 매너

- 서양인은 함께 여행 주에도 각기 개인시간이라 해서 자기 방문을 꼬 잠그는 등 사생활을 철저히 보장받고 싶어하므로 유의한다.
- 그 나라의 유적지나 박물관을 방문할 때는 단정한 옷차림과 경건한 마음으로 그곳의 역사와 문화를 음미해 보려는 진지한 자세가 필요하다.
- 시설물이나 전시물에 함부로 손을 대서는 안되며 사진 촬영이 금지된 곳에서 사진을 찍으려 해서는 안 된다.
- 여행 중 제때에 시차를 조정하지 않아 약속시간을 지키지 못하거나 시간을 낭비하게 되는 경우가 있으므로 유의한다.
- 구미지역의 경우 대부분 우측통행이 관습인데, 습관상 좌측으로 다니다가 다른 사람의 통행에 불편을 주는 일이 없도록 유의한다.
- 물을 판매하는 것이나 끓인 물을 마시도록 하고, 야채와 과일을 조심해야 한다.
- 식당, 호텔, 비행기, 공항, 엘리베이터 등 많은 사람들이 이용하는 장소나 공공 장소에서는 큰 소리를 내지 않아야 하며, 특히 출입문이나 통로를 가로 막지 않도록 유의한다.
- 남의 호의를 받거나 실수를 했을 때에는 “고맙습니다” 또는 “미안합니다”라는 말이나 표정 등으로 의사 표시를 분명히 한다.
- 저개발국을 여행 시 현지인을 깔보거나 그 나라를 무시하는 언행을 하는 일이 없도록 한다.
- 레이디퍼스트가 생활화된 구미지역에서는 여성에게 정중하게 대하도록 한다.
- 서구인은 다른 사람 앞에서 신발을 벗는다거나 구두를 벗고 양말을 신을 발을 보이는 것은 큰 실례로 생각한다. 어린이의 머리를 귀엽다고 쓰다듬거나 상대의 어개를 치거나 손을 얹는 행위는 실례가 된다.
- 방문지의 종교적 관행을 존중해야한다. 이도교적인 행동을 하게 되면 종교상 마찰을 빚게 되므로 방문국의 종교규범에 대한 코멘트는 금기로 생각하는 것이 좋다.
- 길거리에서 담배를 피우거나 입에 물고 다니는 일은 삼가며 담배꽁초, 휴지, 껌 등을 아무 곳에나 함부로 버리지 않도록 한다.

section 02 출국 후

01. 항공기 내에서의 에티켓

01 | 좌석에서

(1) 기내에서 간편한 옷차림을 하거나 슬리퍼를 신는 것은 괜찮다. 그러나 내의 바람이 된다거나 양말을 벗는 행위는 곤란하다. 발이 피곤하면 신발을 벗는 것은 가능하나 벗은 채 기내를 돌아다니거나 신발 벗은 발이 타인에게 보이도록 자세를 취하는 것은 실례가 되므로 조심하여야 한다. 야간 비행 중에는 흔히 신발을 벗게 되므로 따뜻한 양말이나 덧신을 준비하는 것이 좋다.

(2) 기내에서 옷을 갈아입을 때에는 화장실을 이용한다.

(3) 승무원을 부를 때는 승무원 호출버튼을 누르거나 통로를 지날 때 가볍게 손짓하거나 눈이 마주칠 때 살짝 부른다. 우리 식으로 손을 흔들어 부르는 것은 예의에 어긋난다.

(4) 오래 앉아 지루하다고 여기 저기 돌아다니는 것은 다른 승객에게 실례가 될 수 있다. 여러 차례 드나들어야 한다면 처음부터 통로 쪽에 자리를 잡아야 한다.

(5) 좌석의 등받이를 뒤로 제칠 때는 지나치게 제치면 안 된다. 식사가 시작되면 제쳐놓은 등받이를 반드시 원위치로 해 놓는다. 베게와 모포는 보통 머리 위의 선반에 비치되어 있다. 모포는 비행 중 한숨 자고 싶을 때 사용하는데, 한꺼번에 베게나 모포를 두 세개 포개어 사용하는 것은 삼가 한다.

02 | 식사를 할 때

(1) 식사서비스가 시작되면 일단 자기자리로 가서 좌석의 등받이를 일으켜 세우고 식사용

간이 테이블을 펴놓고 기다린다.

(2) 식사나 음료서비스를 받을 때는 "Thanks"라고 감사 표시를 하는 것이 좋은 매너이다.

(3) 식사가 끝나면 반드시 식사 테이블을 원위치로 올려놓아야 한다. 이때 테이블을 쾅하고 닫음으로써 옆 사람을 놀라게 하지 않도록 한다.

(4) 기내에서는 기내에서 서브된 음식과 음료만 들어야 하며 외부에서 가져온 음료는 들지 않도록 한다.

(5) 기내에서 술을 마시면 지상에서 술을 마시는 것보다 빨리 취한다. 따라서 기내에서는 과음은 피하는 것이 좋다.

03 | 화장실에서

(1) 남녀공용이므로 화장실에 들어가면 반드시 안에서 걸어 잠궈야 한다. 그래야 밖에 '사용중(Occupied)'이라는 표시가 나타난다. 잠그지 않을 경우 '비어있음(Vacant)'이라는 표시가 되어 다른 승객이 문을 열게 된다.

(2) 사용 후에는 반드시 세척(Toilet Flush) 이라 표시된 버튼을 누르고, 그래도 더러울 때는 화장지로 닦아준다.

(3) 세면대는 될 수 있는 대로 짧게 사용하고 사용 후에는 타월로 물기를 닦아 깨끗하게 해주는 것이 상식이다. 사용한 타월은 반드시 '쓰레기함(Towel Disposal)'에 넣어야 한다. 또한 세면대에 비치된 스킨토닉(Skin Tonic)이나 애프터 세이브(After Shave)는 사용 후 가지런히 정돈한다.

(4) 안전벨트 착용 사인이 켜져 있는 동안은 화장실 사용은 원칙적으로 금지되어 있다. 화장실에 있는 동안 이 사인이 켜지면 될수록 빨리 나와 제자리로 돌아가서 빨리 좌석벨트를 매야 한다.

(5) 기내에서 내릴 때는 승무원들에게 "Thank you" 또는 "Good Bye"하고 인사하여 긴 비행동안의 수고를 격려해준다.

(6) 기내 물건을 가져가는 행위는 삼간다.

O2. 레스토랑에서의 에티켓

01 | 레스토랑에서 실수하지 않으려면

(1) 서민적인 가게라면 별로 신경을 쓰지 않아도 상관없으나, 일류 레스토랑이라면 격식을 대단히 중히 여기므로 주의해야 한다.

(2) 레스토랑에 따라 예약이 필요한 곳이 있다. 일류 레스토랑에 갈 때는 예약을 하고 가는 것이 무난하다.

(3) 호텔의 다이닝룸이나 고급 레스토랑에서 식사하는 경우, 남자는 상의와 넥타이, 여자는 드레스를 입는 것이 예의이다.

(4) 격식 있는 레스토랑에서는 Clerk이 있으므로 모자나 코트를 맡기고 돌아갈 때에 팁을 잊지 말아야 한다.

(5) 빈자리가 있더라도 입구에서 웨이터의 안내를 기다려야 한다. 유럽이나 미국에서는 웨이터의 '테이블 담당제'이므로 자기 담당 웨이터를 기억해서 주문이나 그 외의 것을 전부 담당 웨이터에게 맡기면 된다.

(6) 계산은 자기 테이블에서 하는 것이 원칙이고 출구의 계산대에서 하는 것은 일부 미국 레스토랑뿐이다. 서비스료가 포함되지 않았을 때에는 담당 웨이터에게 계산의 15~20%를 팁으로 지불해야 한다. 또한 서비스료가 포함된 경우라도 와인이나 칵테일 등의 술을 주문한 때에는 Wine Steward(Sommelier : 포도주 담당 웨이터)에게 줄 팁이 필요하다. 레스토랑 입구에는 그 가게의 추천 메뉴와 가격이 함께 적혀있다.

02 | 식사를 스마트하게

(1) 나이프와 포크는 바깥쪽에 놓인 것부터 사용한다. 정면의 나이프, 포크는 디저트용이다.

(2) 냅킨이나 포크가 테이블에서 떨어졌을 때에는 웨이터를 부른다.

(3) 소금, 후추가 멀리 놓여져 있을 때에는 그 근처의 사람에게 건네 받도록 양해를 구하는 것이 좋다.

(4) 몸을 앞으로 굽히지 말며 상체를 세워서 나이프나 포크를 움직여 식사하는 모양이 보기 좋다.

(5) 씹으며 소리를 내지 않도록 하고, 스프는 마시는 것이 아니고 흘려 넣듯이 먹는다.

(6) 트림, 다리를 떠는 일, 식사 중에 손으로 턱을 괴는 일, 남 앞에서 이쑤시개를 사용하는 것 등은 매너에 어긋난다.

03. 호텔에서의 에티켓

01 | 호텔 세련되게 이용하기

(1) 호텔에 도착하여 체크 인하는 시간은 대체로 정오부터이나 오후 2시부터인 호텔도 있으며, 오후 8시부터 9시 사이에 체크인이 마감되므로 시간을 잘 알아 너무 늦거나 빨리 가지 않도록 한다.

(2) 현금이나 귀중품은 호텔 객실에서 분실할 경우 호텔에서 책임을 지지 않으므로 호텔 금고에 보관시키며(일반적으로 특급 호텔에는 방마다 귀중품 보관 금고가 있기도 하다) 무거운 짐은 포터에게 맡긴다.

(3) 객실의 열쇠는 꽂으면 자동으로 열리며, 객실에 들어와서는 문 옆에 있는 키박스에 열쇠를 꽂으면 전등이 들어온다.

(4) 객실에 입실 후에는 호텔 안내 책자 등을 보고 전화, 시설 사용 안내 등을 알아놓아야 하며, 객실 미니바의 물품은 가격이 비싸므로 꼭 필요한 것만 꺼내 먹도록 한다.

(5) 객실에서는 별도의 이불이 없고 침대 위에 접어진 카바가 이불이니 이불이 없다고 요구하는 일은 없도록 해야 하며, 객실을 떠날 때는 반드시 룸키를 가지고 나와 방문이 잠겼는지를 확인하고 프론트에 맡긴다.

(6) 만약 방안에 키를 두고 나왔다면 프론트에 가서 마스터키를 받아 열어야 한다. (호텔

안에서 객실 열쇠는 외부사회에서의 크레디트카드와 같아 호텔 시설물 사용에 통할 수 있기 때문에 키를 잃어버리면 최저 2백 달러의 벌금을 물어야 하니 잘 관리해야 한다.)

(7) 방안에 있을 땐 문을 잠그고 잘 때는 보조 자물쇠를 채워 밖에서 노크소리가 들리면 신분을 확인한 후 보조 체인을 잠근 채 문을 열고 사람을 확인하여 호텔 투숙객을 노리는 각종 범죄에 미리 대처한다.

(8) 어느 나라든 호텔 투숙객을 노리는 범죄 조직이 있는데, 수법도 다양하다.
예를 들면 호텔 프론트라며 급히 내려와 달라고 전화를 한 후 방을 비운 사이 귀중품을 훔쳐가는가 하면, 호텔종업원을 가장해 객실에 들어오기도 하므로, 욕실에 들어갈 때도 여권이나 비행기표 등은 비닐 주머니에 싸서 갖고 들어가는 것이 안전하다.

02 | 욕실의 올바른 사용법

(1) 우선 욕실 가장자리에 욕실용 매트와 고무 매트가 있으면 욕조 바닥에 고무 매트를 깐다. 이것은 미끄러지는 것을 막기 위해서이다. 욕실용 매트는 욕조 바깥에 깔고 욕실 바닥이 젖지 않도록 하며 입욕 후 발닦개로도 사용한다.

(2) 다음으로 욕조의 마개를 막고 물을 튼다. 표시로는 일반적으로 뜨거운 물은 붉은색, 찬 물은 푸른색이다. 영어권 국가에서는 뜨거운 물은 H(Hot), 찬물은 C(Cold)이나, 라틴어권(프랑스, 스페인, 이탈리아 등) 국가에서 C는 뜨거운 물, F는 찬 물을 나타낸다. Cold의 두 문자라고 생각하여 화상 을 입는 일이 없도록 충분히 주의해야 한다.

(3) 입욕을 한다. 반정도 뜨거운 물을 채운 욕조에 비누를 사용하여 닦아내고 샤워로 헹구어 씻어 내도록 한다. 이때 반드시 커텐을 치고 커텐 자락을 욕조 안으로 넣어서 물이 튀어서 날리지 않도록 한다.

(4) 타올은 3종류이다. 작은 것으로 손·발을 닦고, 가운데 것으로 얼굴을 닦고, 큰 것으로 몸을 닦는다.

(5) 사용 후에는 욕조 내를 샤워로 깨끗하게 씻어 내는 것이 에티켓이다.

03 | 호텔에서 세탁을 할 때

(1) 여행지에서 세탁을 할 때 와이셔츠 등은 호텔의 크리닝 서비스에 맡기지만 속옷이나 양말 등은 자기가 세탁하는 일도 있다. 세탁 방법은 별도의 요령이 없고 욕실에서 비누와 가지고 온 세제로 세탁하면 된다.

(2) 문제는 말리는 방법으로 빨리 말리기 위하여 발코니에서 말리는 일은 절대로 삼가해야 한다. 세탁 후, 물기를 잘 짜서 목욕 타올에 돌돌 말아 둔다. 타올에서 꺼내어 간단히 접은 다음 편편하게 2 · 3회 두드린다. 이와 같은 방법으로 하면 주름이 잘 잡히지 않는다. 마지막으로 한번 더 깨끗하게 주름을 펴서 옷걸이나 가지고 있는 줄에 걸어서 욕실 내에서 말리면 된다.

04 | 알아두면 유용한 호텔의 서비스

(1) 호텔에서는 모닝 콜 등의 여러 가지 서비스가 있다. 잘 활용하면 여행을 보다 충실히 할 수 있다.

(2) 아침 일찍 출발할 때는 전날 모닝콜을 부탁하여 둔다. 아침 일찍이 아니더라도 잠깐 잠을 잘 때에도 이용할 수 있다. 전화로 오퍼레이터의 다이얼을 돌려서 "This is room 565. Please wake me up at 7o'clock, tomorrow morning."(565호실입니다. 내일 아침 7시에 깨워주십시오.)라고 부탁한다.

(3) 전화로 부탁할 자신이 없으면 메모용지에 방 번호와 깨워 달라는 시간을 적어 프론트에 주어도 좋다. Morning Call이 오면, "Thank you"라고 답하면 된다.(단, 녹음된 메시지가 들릴 경우도 있음)

(4) 환전도 호텔에서 가능하다. 은행이 문을 닫았을 때 급히 현금이 필요한데 은행에 갈 시간이 없을 경우에 편리하다. 단, 환율은 약간 차이가 나므로 주의하기 바라며, 그림엽서나 봉투에 붙이는 우표 등도 호텔에서 판매한다.

(5) 귀중품은 Safety Box에 맡기는 것이 안심할 수 있다. 프론트에 부탁하면 곧 처리하여 준다. 단, 체크아웃 시간대는 프론트가 혼잡하므로 그 시간은 피하는 것이 좋다. 자

기 비밀 번호를 등록하는 금고가 실내에 준비된 방도 있다.

(6) 호텔에서의 세탁은 세탁계나 Maid에게 부탁하면 된다. 방의 서랍 안에 세탁 주문서가 들어 있는 경우는 필요 사항을 기입하여 세탁물과 함께 세탁봉지를 문 안쪽에 두면 청소할 때에 Pick up하게 된다. 중요한 점은 세탁 완료 날짜를 반드시 확인해야 한다. 또한 저녁 5시 이후와 토, 일요일은 세탁물을 접수하지 않는 곳도 있으니 유의하기 바란다.

(7) 방안에서 식사를 하고 싶을 때에는 'Room Service'를 부탁하면 된다. 밖으로 나가고 싶지 않을 경우나 혼자서 식당에 가는 것이 내키지 않을 때에는 침대 옆 서랍에 준비된 메뉴를 보고 전화로 주문을 하면 객실에서 간단히 식사를 할 수 있으며, 지불은 현금, 카드로 하는 경우도 있으나 영수증에 서명을 하여 Check-out 시 함께 지불해도 된다, 마지막으로 객실로 식사를 가져다 주는 웨이터에게 현금으로 팁을 주는 것이 좋다.

(8) 마음놓고 푹 자고 싶을 때에는 "Do not Disturb"라고 적힌 팻말(Door knob)을 바깥 문 손잡이에 걸어두면 다음날 오전 메이드가 노크를 하여 잠을 깨지 않아도 된다. 또한 관광객들은 호텔에서 관광지 소개 또한 받을 수 있는데, Tour Desk 혹은 Information Desk(Clerk)에 문의를 하면 잘 알 수 있다. 유럽에서는 Consult Corner에서 Tour 외에도 시간을 잘 보낼 수 있는 방법을 소개 받을 수도 있다. 마지막으로 체크아웃 시간을 호텔에 도착한 즉시 확인해 둔다. 체크아웃 시 체크 인 손님과 체크 아웃 손님으로 프론트가 혼잡한 경우에는 기다리는 시간이 길어지거나 알고자 하는 정보를 문의하기에 대기 시간이 길어질 수 있으므로 미리 확인해 두어 자신의 시간을 잘 활용하는 것이 좋다.

Tip 흔히 범하는 일부 한국 해외 여행자들의 꼴불견

- 잠옷바람이나 슬리퍼를 착용하고 나오는 행위
- 호텔에서 사이다를 먹고, 물로 채워 넣는다.
- 객실에 들어가자마자 벨맨에게 나이트 클럽의 영업시간이나 야한 비디오를 볼 수 있는지 묻는다. (참고로, 호텔에 투숙하면서 제일 먼저 물어야 하는 것은 비상구와 객실내의 비상 호프와 스프링 쿨러의 위치를 물어봐야 한다.)
- 나이트클럽에서 춤추다가 뇌진탕으로 죽는 사람이 있다.
- 여행 중에 메모를 하지 않는다.

- 객실에서 외출할 때 D.N.D(Do Not Disturb)카드를 잘 못 사용하고 항의한다.
- 객실 침대 밑에 돈을 보관하다 잃어버린다. 호텔에는 귀중품 보관함이 있다.
- 객실 비품을 몰래 슬쩍한다.
- 포크와 나이프를 핸드백에 넣어 간다.
- 정숙시간(오전, 취침시간)에 고성방가 행위

04. 쇼핑 에티켓

01 | 훌륭한 쇼핑

(1) 훌륭한 쇼핑을 위해서는 신용 있는 상점을 선택하는 것이 중요하다. 각 도시의 중심부에 주로 이러한 상점들이 위치하는 경우가 많다. 특히 고가의 물품을 구매고자 할 경우에는 일류품점에서 구매를 하는 것이 좋다. 또한 개발도상국에서는 정부공인점이 가격, 품질에 있어서 신용할 수 있고 특히 면세품점이라면 귀국 후 After-Care도 가능하므로 안심할 수 있다. 구미에서는 정가 외에 5% 정도의 매상세와 부가 가치 세가 가산되는 일이 있다.

동남아시아, 인도, 중동, 스페인, 포르투갈, 이탈리아, 멕시코, 홍콩 등의 국가에서는 백화점이나 일류점을 제외하고는 값 홍정이 상식이 되어 있다. 부끄럽게 생각하지 말고 가격 홍정을 시도해 보는 것도 나쁘지 않다. 각 국가에서는 다른 나라에서 볼 수 없는 특산품들이 있는데 쇼핑할 때에는 이러한 특산품들을 눈여겨 보는 것도 좋다.

(2) 영업일과 영업 시간을 주의하여야 한다. 구미에서는 일요일, 중동에서는 종교상 이유로 금요일이 휴업이다. 영업시간은 대개 오전 9시~오후 6시까지이나 요일에 따라 일찍 끝나는 날도 있다. 라틴계 국가에서는 상점이나 은행 등도 오후 1시부터 2~3시간 동안 시제스타라 고하는 낮 휴식으로 들어간다. 쇼핑 스케쥴을 잡을 때는 충분히 주의하여 영업일과 영업시간을 조사하여 참고하는 것이 좋다.

02 | 점원과의 의사표현 요령

일류 상점 출입 시는 단정한 복장을 하는 것이 좋다. 상품을 함부로 만지지 말고, 만져 보고 싶을 때는 점원에게 양해를 구해야 한다. 양복이나 신발을 살 때에는 자기에게 맞는지 어떤지를 충분한 시간을 가지 고 선택해야 한다. 특히 Size에 주의 한다. 단, 한번 입어 볼 때는 점원에게 양해를 구하고 난 뒤에 입는 것이 좋다. 이 때 앞선 손님이 있으면 순서를 기다려야 한다. 상품을 구경할 때 살 생각이 없는 물건을 점원이 끈질기게 권해 오면 'Just Looking.'이라고 말하면 OK. 더 이상 권하지 않는다.

03 | 거스름돈 계산방법

외국에서 쇼핑시 제일 먼저 당혹스러운 것이 거스름돈을 건네는 방법이다. 상품 대금으로 거스름돈을 받으면 처음에 계산한 금액과 같은지 확인하는 것이 좋다. 예를 들어 75달러의 물건을 사면서 100달러 지폐를 주었으면 곧 5달러를 받아서 '80달러', 또 10달러를 더해서 '90달러', 마지막으로 10달러 짜리를 합해서 '10달러'라는 이런 식으로 25달러의 거스름돈을 받게 된다. 영수증은 귀국 시 세금 신고에 필요하고 또한 거스름돈의 확인을 위하여 반드시 받아두는 것이 좋다.

05. 바람직한 팁 사용법

01 | 팁은 살짝, 티나지 않게

어디에서나 모두 팁이 필요하다는 뜻은 아니고 팁은 말하자면 서비스료이다. 계산에 서비스료가 포함되어 있다면 원칙적으로 지불할 필요가 없다. 그 나라에 따라서, 그 상점에 따라서 팁이 있고 없고는 서로 다를 수 있다. 줄 때에는 계산의 일부를 나누어서 지불하는 것이므로 가벼운 마음으로 서두르지 말고 "Thank You"라고 한마디 하면서 주는 것이 좋다.

주로 팁을 지불하는 곳은 다음과 같다.

(1) 공항, 호텔, 역 등에서의 포터

(2) 호텔의 보이, 룸메이드

(3) 레스토랑의 웨이터, 웨이트레스

(4) 택시 운전사

(5) 구두닦이

(6) 극장 등의 안내인, 코트 보관소인

(7) 이발소, 미용원

(8) 화장실 등

금액은 500원 정도를 기준으로 하면 평균이다. 가방을 운반해 줄 때에는 갯수에 따라 증가한다. 현지 통화로 얼마가 500원 정도에 상당하는가를 알아두고 잔돈을 준비해 두는 것이 좋다.

또한 택시의 팁은 물가의 차이로 얼마가 적당한가 말할 수 없으나, 미터 요금의 10~15% 정도면 적당하다. 레스토랑에서는 계산서의 15~20%이다. 단, 서비스료 포함이라는 표시(Service Charge Included / Service Comprise)가 있을 때에는 필요 없다. 러시아나 동구권 국가 등의 사회주의 국가에서는 팁이 습관화되어 있지 않다. 간단한 성의표시를 하고 싶을 때에는 담배나 볼펜, 그림엽서 등 선물을 주면 좋다.

02 | 팁을 주는

품격있는 호텔에서는 완곡하게 팁을 청구한다. 보이가 방에서 계속 서 있는 때에 '다른 용무는 더 없습니까' 라고 물으면 눈치 있게 알아들어야 한다. 팁 1달러를 줄 때에 10센트짜리 동전 10개로 주는 것은 곤란하고 많아야 4~5개 정도의 잔돈으로 세련되게 주는 것이 좋다. 계급이 확실한 유럽의 호텔에서는 서비스를 받았더라도 팁을 주게 되면 실례가 되는 경우도 있다. 가방을 들어주지 않고 방을 안내해 주는 사무직의 사람 같은 경우이다. 레스토랑 같은 곳에서 카드로 지불하는 경우는 전표에 자기의 팁 액수를 추가로 적으면 그 경우 잔돈을 주지 않더라도 카드로 지불할 수 있다.

06. 외출 할 때 에티켓

01 | 귀중품 관리

여권, 항공권 및 현금, 지갑 등을 모두 한 곳에다 넣고 다니면 한꺼번에 소매치기를 당하거나 분실할 우려가 있으므로 여러 곳에 나누어서 휴대하도록 한다.

02 | 호텔 네임카드 휴대

외출할 때에는 호텔 네임카드를 몸에 지니거나 머무르는 호텔의 이름을 정확히 기억하도록 한다.

03 | 잔돈 준비

대중교통 수단 이용에 앞서 반드시 충분한 잔돈을 준비한다.

04 | 택시 이용

여러 대의 빈 택시가 있을 때에는 반드시 맨 앞의 택시를 타도록 한다.

05 | 극장 입장

오페라 극장에 갈 때 정장을 하지 않으면 입장을 거절당하게 되며, 극장에서 껌을 소리내어 씹거나 떠들면 퇴장 당하는 수가 있으므로 삼간다.

06 | 도움을 청할 때

길을 묻거나 도움을 청할 때에는 정중한 태도를 취하여 상대방의 기분이 상하지 않도록 조심해야 한다.

07 | 수상한 외국인의 접근

외국의 공항이나 길거리에서 알지 못하는 사람이 길을 안내해 주겠다고 친절하게 접근해 올 경우에는 정중하게 거절하는 게 좋다. 친절을 앞세운 사기꾼이나 좋지 못한 사람일 수가 있기 때문이다.

08 | 불량지대 접근금지

저녁에 혼자 인적이 드문 지역이나 불량지대에 갔다가 강도를 만나 금품을 털리거나 봉변을 단하는 일이 없도록 주의한다.

09 | 공중도덕 준수

외국의 경우, 길거리나 공공장소에서 가래침을 뱉거나 휴지, 담배꽁초 등을 함부로 버리거나, 또는 너무 큰소리로 노래를 부르다가 현지인의 신고로 벌금을 내야 하는 경우가 있으므로 삼간다.

10 | 외국인 방문

외국인을 방문할 때에는 방문 전에 전화나 엽서 등으로 상대의 형편을 물어 시간을 약속한 후 방문하고 시간을 반드시 지켜야 하며, 용건은 약속된 시간 내에 끝내도록 유의한다. 방문은 일요일이나 이른 아침, 늦은 밤, 식사시간 또는 상대방의 집에 행사가 있는 날은 피하도록 한다.

07. 비상 · 위급 상황 시

01 | 길을 잃었을 때

여행 중 일행과 떨어져 방향을 잃었을 경우에는 당황하지 말고 경찰이나 가까이 있는 사람의 도움을 청하여 방문국 주재 한국 공관에 연락한다. 숙박호텔에서의 외출 시에는 반드시 호텔 네임카드를 갖고 나가되 만약의 경우에는 택시기사나 경찰에게 보이고 안내를 받아 숙소로 되돌아온다.

02 | 강도나 공갈범을 만났을 때

강도나 공갈범을 만났을 때는 우선 범인들의 요구를 들어주면서 위기에서 벗어나는 것이 급선무이다. 여러 사람 앞에서 두툼한 지갑이나 필요 이상의 현금, 수표 등을 남에게 보이는 것은 위험을 자초하는 일이다. 또 외출이나 쇼핑, 야간 구경 등은 혼자서 하지 말고 적어도 3인 이상 일행을 모아 함께하며 현지 안내원에게 안전문제를 상의하는 것이 좋다. 만약 사고를 당했을 때에는 즉시 안내원에게 알리도록 한다.

03 | 도난 분실

해외에서는 각자가 자기 물건을 책임 간수하는 것이 최상이다. 특히 관광지나 대도시에서는 소매치기 등의 사고가 많은데 도난, 분실의 경우는 혼자서 해결하려 하지 말고 즉시 여행 안내원의 도움을 청해야 한다. 여행 가방은 항상 열쇠를 채우고 비상시에 대비하여 여분의 키를 별도 보관하는 것이 좋다.

04 | 교통사고

외국에서 교통하고의 피해자나 가해자가 되었을 때는 언어 소통이 잘 안되어 불이익을

당하는 경우가 있다. 이 경우 외국인에게 "I am sorry"라고 하면 자신의 잘못을 시인한다는 뜻이 되므로 주의해서 사용해야 한다. 사고를 당하면 즉시 숙박호텔로 연락하여 여행 안내원의 안내에 따라야 한다. 만약의 경우는 현지 한국공관이나 현지 주재 한국기관 등에 연락하여 협조를 받도록 하는 것이 좋다.

08. 국가별 여행정보

아무리 일반적인 에티켓, 매너를 잘 알고 있더라도 방문국 사람들의 특수한 사고방식이나 관습, 매너 혹은 종교적 금기사항 등을 모르면 실수를 범하거나 때로는 형사상의 책임까지 지게 되는 경우가 있으므로 간단히 알아보면 다음과 같다.

01 | 일본

(1) 비교적 일교차가 크므로 따뜻한 옷을 준비하는 것이 좋다.

(2) 일본인들은 상냥하고 공손한 사람들로 알려져 있다. 겉으로 웃고 친절하다고 진심으로 웃는다고 생각하면 잘못이다.

(3) 준법정신과 질서의식, 공중도덕 수준도 높다.

(4) 자동차가 좌측통행하므로 길을 건널 때 확인을 하고 건넌다.

(5) 일본인들은 4와 9라는 숫자를 싫어한다.

(6) 일본인에게 선물할 때는 흰 종이로 포장하지 않는다. 일본인들은 흰색을 죽음의 색깔이라고 생각한다.

02 | 중국

(1) 사진촬영구역 외에서 사진 찍어선 안 된다

(2) 술에 취해서 저지른 실수를 용납하지 않기 때문에 만취되어서도 안 된다.

(3) 부부를 제외하고는 호텔 여관에서 혼숙을 금한다.

(4) 수돗물을 그대로 마시지 않는 것이 좋다.

(5) 중국인에게는 괘종시계란 단어에 장례식이란 뜻이 내포돼 있기 때문에 괘종시계를 선물하지 않는다.

(6) 밤이 되면 베이징 시내의 공원에는 데이트하는 남녀들로 가득한데 이는 결혼한 부부가 아니므로 호텔이나 여관에 투숙할 수 없기 때문에 공원과 같은 한적한 곳에서 밀회를 즐긴다.

(7) 상하이와 같은 대도시에서도 공중 화장실을 찾으려면 안내원에게 돈을 주고 찾아가야만 하고 도착해서도 급행료를 지불해야만 용변을 볼 수가 있을 정도로 중국에서는 화장실을 찾기가 매우 어렵다.

03 | 미국

(1) 가급적 민족주의적인 발언은 삼가도록 한다.

(2) 선약을 하고 사람을 방문하는 것이 원칙이며 레이디퍼스트를 잊어서는 안 된다.

(3) 미국에서는 재채기를 할 때는 미안하다고 말하지만 코를 풀 때는 아무 말도 하지 않는다고 하는데 이는 코를 푸는 것은 생리 작용이므로 누구도 탓할 수 없다는 합리적 사고에서 생긴 습관이다. 유럽에서도 마찬가지이며 물론 코를 풀 때는 닦아내는 정도이지 탱탱 소리를 내며 푸는 것은 아니다.

(4) 미국 학생들은 수업 시간에 매우 자유로우며, 심지어 담배를 피거나 앞좌석 등받이에 발을 올려놓기도 한다. 유럽 사람들은 미국인들의 이러한 안하무인격의 행동을 보고 비판한다.

04 | 그 외 나라들

(1) 이스탄불에서는 버스에서도 남녀가 나란히 앉으면 안된다고 하는데 이는 회교권 국가들에서는 남녀차별이 매우 심하기 때문이다.

(2) 호주에서는 입을 가리고 웃으면 입 냄새가 나느냐고 묻는다는데 이는 호주에서는 충치나 이를 닦지 않아 입냄새가 매우 심한 사람들만이 입을 가리고 웃기 때문이다.

(3) 멕시코에서는 만 18세가 되면 누구나 운전을 할 수 있으며, 이외에도 멕시코에서는 비디오 대여료보다 영화관 관람료가 더 비싸기 때문에 극장이 항상 만원이라고 한다.

(4) 프랑스 사람들은 아버지 앞에서도 일단 성인이 되면 자유롭게 담배를 피운다.

(5) 스위스는 물가가 매우 비싼 편으로 프랑스의 물가를 기준으로 할 때 독일이 좀 싼 편이고 스위스는 약 3~4배를 각오해야만 한다. 잘사는 나라에 갈수록 물가가 높은 것이 보통이다.

09. 귀국 할 때

01 | 중량초과 유의

물건을 너무 많이 사서 비행기(또는 선박)를 탈 때 허용된 중량을 초과하여 화물요금을 따로 무는 일이 없도록 유의한다.

02 | 수입금지품, 통관제한 품목 유의

수입금지품 또는 통관제한 품목을 모르고 들여왔다가 압수 당하거나 반송시키는 일이 없도록 한다.

03 | 과세품목신고

너무 고가품을 사와 세금 낼 돈이 모자라 쩔쩔매거나 과세품목인 줄 알면서도 신고하지 않고 몰래 숨겨 나오다가 적발되면 관세법 위반으로 처벌받게 된다.

04 | 입국심사 세관검사

귀국하였다는 안도감으로 입국심사나 세관검사를 받을 때 조용히 기다리지 않고 크게 떠들거나 우왕좌왕하면서 질서를 지키지 않아 다른 사람들의 눈살을 찌푸리게 하는 일이 없도록 한다.

05 | 가방 분실 조심

외국공항이나 국내공항에서 짐을 찾을 때 잠시 방심했다가 손가방이나 짐을 도난당하거나 분실하는 수가 있으므로 주의한다.

06 | 공항영접

너무 많은 사람들이 공항에 마중 나와 혼잡하게 하거나, 오랜만에 만나 반갑다고 주위사람들은 의식하지 않고 지나치게 떠드는 일은 없도록 한다.

Chapter 12 이력서 및 자기소개서 작성법

section 01 이력서

01. 이력서의 중요성

흔히 현대사회를 자기 PR시대라고 한다. 자기를 타인에게 알리는 방법은 여러 가지가 있지만, 그 중 취업과 관련하여 볼 때에는 이력서와 자기소개서가 가장 일반적이다. 취업 시 이력서는 자신의 얼굴이다. 사람은 누구나 다른 사람에게 잘 보여 인정받고자 하는 욕구가 있다. 그러나 자신을 알리는 방법은 외적인 것 이외에 내적인 것도 중요하다. 거울을 보고 자신의 외면을 보는 것 또한 중요하지만 자신의 내면을 바라볼 수 있는 거울 또한 필요하다. 이제 내적인 것을 자신의 이력서로 작성하면서 자신을 한번 뒤돌아보고 과거를 정리하며 기록함으로써 보다 더 좋은 미래를 꿈꾸는 시간이 되었으면 한다.

02. 이력서 작성 요령

간단명료하되 구체적으로 자신의 기록, 즉 출신학교나 학과, 자격증 뿐만 아니라 수상경력, 대내외적 활동 등 자신의 능력이나 장점을 돋보이게 할 수 있는 사항들을 일목요연하게 정리한다. 최근에는 자필 보다는 인터넷 홈페이지에서 직접 입력하거나, 작성된 이력서를 이메일로 보내는 경우가 대부분이라 이러한 경우에는 이력서 작성 시 글자체와 크기를 알아보기 쉽게 정리하는 것이 중요하다.

01 | 과장없이 솔직히 기술

허위사실이나 과장된 내용을 기입해서는 안된다. 면접이나 입사 후에라도 허위사실이 들어날 경우에는 난처한 상황이 발생할 수 있으므로 그대로 솔직하게 작성한다.

02 | 우측상단에 응시부문 및 연락처 명기

이력서 우측상단에 직접 연락이 가능한 전화번호와 지원부서를 명시한다. 급하게 연락할 수 있도록 핸드폰번호를 함께 기재하는 것이 좋다.

03 | 국한문 혼용

요즘엔 이력서라고 하면 한결같이 한글로 작성하는 데 간혹 국한문혼용으로 작성된 이력서를 보면 새롭다. 전체를 한자로 쓸 필요는 없지만, 국한문혼용으로 작성하는 것도 하나의 방법이 될 수 있다.

04 | 오탈자 없이 깔끔하게 작성

오자나 탈자는 없도록 작성하고 틀린 글자가 있을 때는 새로운 용지에 다시 쓰는게 낫다. 깨끗하게 작성된 샘플은 버리지 말고 잘 보관해 두었다가, 다음에 필요할 때 보고 쓰면 시간을 절약할 수 있다. 하지만 최근에는 직접쓰는 것 보다는 데이터로 작성·보관하는 경우가 많으니 수정사항이 있을 때마다 잘 작성하여 보관하도록 한다.

05 | 주민등록등본을 참고

본적이나 현주소는 도로명과 호수까지 정확하게 기재하며, 주민등록등본이나 초본에 기재된 내용과 동일하게 작성한다.

06 | 호주와의 관계

특히 유의할 부분이다. 호주와의 관계는 호주쪽에서 본 자신의 관계를 말하는 것이므로, 자기 쪽에서 본 관계를 쓰지 않도록 주의해야 한다. 예를 들면 '부'나 '모'가 아닌 '장남' 또는 '삼녀' 등으로 기재해야 한다.

07 | 특기사항 및 상벌 작성

국가공인 자격증이나 면허증 취득사항 등을 기재한다. 특히, 응시기업의 업종에 부합되는 비공인 자격증을 취득하였을 경우에는 그 내용도 빠짐없이 정리하고, 이때 반드시 취득일과 발령기관을 명기해야 한다. 상벌 사항은 교내외 행사나 대회 수상경력이라도 지원회사의 업종과 연관하여 뜻밖의 효과를 가져올 수도 있으므로 융통성 있게 기재하는 재치가 필요하다. 어학시절이 요구되는 요즈음에는 외국어 구사능력을 매우 중시하므로, 외국어와 관련된 인정증이나 수상경력이 있으면 강조하여 언급하는 것이 돋보이는 이력서가 되는 방법이다.

08 | 사회봉사활동

각종 사회봉사 활동과 동아리 활동을 상세히 언급하는 것이 유리하며, 사회봉사활동 실적이 취업에 도움되게 하기 위해서는 봉사활동 확인서를 해당 봉사기관에서 발급받아 두어야 한다.

09 | 마무리 점검

오자, 탈자가 없는지, 접히거나 더럽혀지지 않았는지 다시 한번 확인한 후 우송한다. 가급적이면 직접 제출하거나 큰 봉투에 넣어 등기로 우송하는 것이 좋으며, 홈페이지에서 직접 입력 등록하는 경우에는 여러 번 점검 및 수정을 거친 후에 최종 제출 버튼을 클릭하도록 한다.

<table>
<tr><td rowspan="3">사
진</td><td colspan="5">이 력 서</td></tr>
<tr><td>성 명</td><td colspan="3">홍 길 동 (인)</td><td colspan="2">주민등록번호
78×××× - 1××××××</td></tr>
<tr><td>생년월일</td><td colspan="5">1978년 5월 18일생(만 25세)</td></tr>
<tr><td>주 소</td><td colspan="4">576-970 충청북도 제천시 왕암동 바이오대로 211</td><td>전화</td><td>043-×××-××××</td></tr>
<tr><td rowspan="2">호 적 관 계</td><td rowspan="2">호주와의 관계</td><td rowspan="2">자녀</td><td rowspan="2">호주성명</td><td rowspan="2">홍수환</td><td>B · P</td><td></td></tr>
<tr><td>H · P</td><td>×××-×××-××××</td></tr>
</table>

년 월 일	학력 및 경력사항	발령청
	〈학력〉	
'97.2.3.	제천고등학교 졸업	
'04.2.26.	한국대학교 사회복지학과(문학사) 졸업	교육인적자원부
	〈경력〉	
'99.12.29. - '01.3.14.	군 복무(병장 제대)	보병 제10사단
'04.10.20.	제1회 충북지역 사회복지전문요원 채용 시험 합격	충청북도
'04.12.7. - 현재	충북 제천시 용두동사무소(지방사회복지7급)근무	제천시
'08.8.27. - '10.12.7.	한국대학교 사회복지과 강사 역임	한국대학교
'08.7. - '11.7.	대학생 사회복지실습 지도(4회 78명)	제천시사회복지협의회
'11.5.23. - 현재	현 보건복지부 국민기초생활보장제도 정책자문위원	보건복지부
	〈교육〉	
'03.1.10. - '03.1.23.	일본 구주 소화학원 사회복지 실습 수료	소화학원
'05.9.12. - '05.9.27.	제1회 지방공무원 해외배낭여행 연수(유럽4개국)	익산시
	〈자격증〉	
'02.12.15.	워드프로세서 2급	대한상공회의소
'03.2.26.	사회교육전문요원 1급	교육인적자원부
'03.3.16.	사회복지사 1급	보건복지부
	〈표창〉	
'08.8.1.	제천시장상(사회복지유공)	익산시
	〈저서〉	
'08.7.1.	'08 사회복지 실무 길잡이(B5, p223)	도서출판 인간과 복지
	이하여백	
	제천시장 귀하	

03. 이런 이력서를 만들자

01 | 전통적인 양식에서 과감하게 탈피하라

지원자들은 흔히 이력서를 작성할 때 문방구에서 이력서를 구입하여 결코 깔끔하지도 않은 본인의 서체로 작성해서 제출하는 그런 사람이 있는데, 기업에서 특별히 자필이력서를 원하지 않는 이상은 시대에 뒤떨어져 보이는 그런 이력서는 피해야 한다. 자칫 컴맹으로 오해받을 소지가 있다. 특별한 양식이나 틀에 얽매인 이력서 보다는 일목요연하고 깔끔하게 자신의 능력을 기재한 것이 무난하다.

02 | 자신이 다루기 수월한 워드 프로그램을 이용하라

아래한글, MS WORD 등 자신이 다루기 수월한 워드 프로그램을 이용하여 작성하는 것이 좋다. 또한, 글자 모양이나 세련된 양식, 포맷팅 등도 고려하여 작성하여야 한다.

03 | 폰트의 크기는 10~11포인트가 가장 적당하다

글자크기가 너무 작으면 인사담당자 및 면접관이 엄청난 인내심을 발휘하지 않고는 수많은 이력서들 중에서 골라낸다는 것은 기대하기 어렵다. 반면 글자 크기가 지나치게 크면 성의가 없어 보이고 억지로 칸을 메우기 위해 작성된 듯한 느낌을 줄 수 있기 때문에 주의해야 한다. 글자모양은 한글의 경우 굴림체나 바탕체가 무난하며, 영문인 경우에는 Arial이나 Times New Roman체가 무난하다.

04. 신입사원 이력서 작성요령

경력사원에 비하여 신입사원의 이력서 작성은 학력과 외국어 어학연수 등의 정보가 전부

이다. 이력서 빈 공간을 채우기에 급급한 신입사원 이력서 지금부터 다른 경쟁지원자들과 차별화된 이력서 작성방법에 대해 알아보기로 한다.

01 | 지원분야의 직무를 확실하게 명기

사실 신문이나 일반 정보 채널을 통하여 입수한 기업의 구인정보는 그 기업이 현재 필요한 특정분야만 모집하고 있으므로 해당 직무 분야의 명기는 자칫 간과할 수 있는 부분일 수도 있겠지만, 사실 사소해 보이는 이 작은 차이 하나가 지원자의 하고자 하는 의지나 열의, 일에 대한 자신감을 말없이 대변해 주고 있음을 명심하기 바란다.

02 | 지원분야와 연관된 교과 활동, 과외 활동을 효과적으로 기술

본인이 생각하기에는 별다른 경력이 될 것 같지 않은 사소한 것일지라도 회사의 입장에서 보면 지원자에게 후한 점수를 줄 수 있는 기회가 될 수도 있다. 특히나 IMF 체제 이후 그저 공부에만 매달린(그렇다고 학점이 그다지 좋지도 않으면서) 모범생 스타일은 사양하고 싶은 첫번째 유형이다. 어떤 일이든 능동적으로 대처할 수 있는 사람이라는 인상을 심어주기 위해서라도 밋밋한 학창시절을 보낸 곱게 자란 이력보다는 그 나이에 맞는 필드에서의 경험을 사실적으로 서술하는 것이 좋다. 아르바이트 경력이나 학과 중의 특이한 체험 등을 기입하면 효과적이다.

03 | 장래의 포부나 비젼을 확실히 명기

신입사원이 경력사원과 다른 점이 무엇이겠는가? 바로 미래에 펼칠 꿈이 아니겠는가. 경력사원이라고 꿈이 없을리 만무하겠지만 굳이 꿈이 아니더라도 경력사원을 포장해 줄 만한 이력사항은 종이 한장으로 차고 넘친다. 예를 들면 모 방송사 TV프로그램을 보고 감명깊게 느낀 출판사 여사장의 뚝심 얘기를 거론하며 귀 출판사에서 획을 그을만한 업적을 남기겠다든지, 감명깊게 읽은 책을 인용하여도 좋고, 함께 생활하는 부모님을 밑그림에 두어도 좋다.

04 | 지금까지 맡은 업무와 앞으로 맡게 될 업무의 연계성을 두고 기술

기업에서 필요로 하는 당신의 경력을 최대한 포장하고, 이러한 배경으로 귀사와의 업무 연계 가능성이 무궁무진 하다는 점을 반드시 기재하여야 한다. 그냥 본인이 가진 일반적인 경력의 단순 나열은 곤란하다. 예전 직장에서의 구체적인 업무실적을 수치로 표현하는 것도 지원자의 업무능력에 대한 신뢰감을 높여줄 것이다. 전에 맡았던 업무분야에 대한 내용도 간단하게 서술해 주는 것도 좋은 방법이다.

예를 들어 같은 경리직이라 하더라도 제조분야와 서비스 분야의 경리는 직무 능력면에서 엄연히 다른 사람을 필요로 할 것이기 때문이다. 한두줄 정도로 짤막하게 전에 근무한 회사 개요에 대한 설명을 덧붙이면 면접시에 질문과 답변이 한결 매끄러울 것이다.

05. 경력사원 이력서 작성요령

01 | 업무 능력을 극대화하여 상세히 기술

일반적으로 이력서는 간단명료한 것이 좋다. 그러나 경력사원의 이력서는 굳이 지원자의 이력을 줄여가면서까지 간단하게 작성할 필요는 없다. 경력사원을 필요로 하는 기업에서는 지원자의 모든 경력을 알고 싶어하기 때문에 지원자의 모든 경력을 총망라하여 작성하는 것도 좋은 방법이다. 게다가 그것이 당신의 업무능력 하나하나가 궁금한 면접관에게는 가려운 데를 긁어주는 효자손이나 마찬가지일 것이다.

02 | 회사가 원하는 양식을 지켜라

기업의 인사담당자들의 요즘 지원자들의 입사지원서 작성에 대해 10~20%가 이를 지키지 않고 있다고 한다. 이들은 결국 성의가 없는 것으로 여겨져 탈락의 쓴잔을 마실 수밖에 없다. ㅇㅇ기업 인사담당자는 "애써 작성한 지원자에겐 미안하지만 첨부파일의 경우 바이러스 감염 위험이 있고 검토하기가 불편해 열어보지도 않는다"고 말했다.

03 | 사진(스캐닝한 사진) 붙이기는 기본

서류접수와 달리 파일에 사진을 붙이려면 약간의 노력이 필요하다. 지원자의 PC실력을 가늠할 수 있기 때문에 인사담당자들은 사진을 붙였는지를 주의깊게 본다. 아래한글 파일의 경우 그림을 오려 넣은 뒤 반드시 문서에 포함시키는 절차를 거쳐야 사진이 들어간다. 또 사진파일을 지원서 안에 붙이지 않고 따로 첨부하기도 하는데 이것도 감점대상이다.

04 | 자기소개서는 간략하게 작성

종이서류는 한번에 한 페이지를 볼 수 있지만 E-mail로는 3분의 1밖에 못본다. 따라서 메일제목의 경우 '입사지원서 - ○○○'식으로 간단히 적고 내용 역시 요점만 적는 것이 중요하다. 자기소개서는 A4용지로 1장, 길어도 2장을 넘지 않도록 해야 한다. 경력사원은 이력을 명확히 전달해야 하며 신입사원은 회사를 위해 어떤 일을 할 수 있는지에 초점을 맞춘다.

05 | 자신 없으면 도움을 받아라

E-mail을 사용할 줄 모르면 아는 사람의 도움을 받거나 PC방에서 도움을 받는 편이 낫다. 전송이 제대로 안되어 접수도 안됐는데 무작정 연락오기를 기다리는 그런 시간낭비를 하지 말아야 한다. 간혹 메일이 안 갔을까봐 2~3번씩 보내기도 하는데, 똑같은 메일을 몇 번씩 봐야하는 담당자로선 피곤할 뿐이다. 정 걱정이 되어 다시 보낼 때는 제목에 '재송'임을 밝히는게 좋다.

06 | 원서접수는 가능한 빨리 접수하라

E-mail 접수는 서류로 받을 때보다 훨씬 많은 사람이 몰린다. 보통 하루에 100~150통이 오며, 마감이 가까워지면 2~3배 늘어난다. 빨리 도착한 메일을 담당자는 성실히 검토한다.

07 | 희망 부서와 연봉을 적어라

벤처기업들은 대부분 E-mail 이력서 상단에 희망 부서와 연봉을 기입하라고 요구한다. 그러나 이를 지키지 않은 지원자가 절반 이상이다. ㅇㅇ기업의 인사담당자는 '희망부서'와 '연봉'을 적지 않을 경우 지원서를 끝까지 읽어야 분류가 가능하기 때문에 "탈락가능성이 높다"고 말했다.

08 | 구태의연한 원서작성은 피해라

강조하고자 하는 부분을 굵은 글자로 쓰거나 밑줄을 그어주면 좋다. 중요한 부분을 빨간색, 파란색 등으로 처리하면 금상첨화다. 열심히 일하겠다는 의지를 보이기 위해 "월급 없이도 일할 수 있습니다", "무슨 일이든 시켜만 주십시오" 등으로 적는 것은 스스로를 아마추어로 보이게 할 뿐이다.

06. 영문 이력서 작성요령

영문이력서는 대부분 외국기업이나 무역업체 등에서 요구하고 있는데, 이의 경우에는 특별히 정해진 일정한 양식이 없다. 따라서 국문이력서와 마찬가지로 기본적인 사항들을 지키면서 자신의 개성을 살려 성의껏 작성한다.

영문이력서는 반드시 타이핑을 하거나 워드프로세서를 사용하여 작성하고 사진은 우측 상단에 컬러 사진으로 부착시킨다.

01 | Personal Identification

첫줄 상단에 이름을 밝히고, 그 밑에 현주소나 연락처, 전화번호, 기타 인적사항을 적는다. 나이(Date of Birth)는 '월, 일, 년도' 순으로 적고 본적과 현주소를 기재할 때는 '도로명주소, 구(면), 시(도)' 순으로 쓰고 끝으로 우편번호를 적는다. 가족관계를 명시하고자 할 때는 'The second son of Gil-Dong-Hong' 식으로 적는다.

02 | Educational Background

미국식 기재방식은 최종 졸업학교부터 적는 것이 원칙이나 한국식으로 과거부터 최근순으로 기재해도 무방하다. 졸업 년도와 학교, 학위 명을 적고 부전공과 졸업학점이 본인에게 유리하면 덧붙인다. 부전공사항은 졸업 또는 졸업예정란 뒤에 괄호를 사용하여 'Minor is Business Administration'이라고 쓰면 된다.

03 | Professional Objective

이 부분은 지원자의 직업목표를 밝히는 부문으로 희망직종, 분야 혹은 부서를 나열하는 방법을 사용하기도 한다. 이때는 해당기업의 Organizational Chart(부서기구)를 알아보고 희망하는 해당 부서가 있는지의 여부를 확인한다. 지원자가 찾는 부서 또는 position의 이름을 확인할 수 없을 경우에는 자신의 적성과 전공지식을 활용할 수 있는 분야에서의 근무를 원한다고 기술하면 된다.

04 | Special Achievement

특기사항란으로 국문이력서와 마찬가지로 국가적으로 공인된 자격증이나 면허증 발급사항을 기재한다. 참고로 영어교사 자격증을 취득한(또는 예정인) 사람의 경우라면 '(Will be) Awarded teaching Certificate of English teacher given by the Ministry of Education in 2010(in 2011)'라고 쓰면 된다. 한가지 유의할 점은 resume에서는 'What I did(나는 이런 일을 했었다)'식의 과거형보다는 'what I can do for you(과거에 쌓은 경력이 귀사에 도움이 된다)'라는 표현을 쓰는 것이 좋은 인상을 남긴다.

05 | Special Activities

이 란은 학창시절의 특별활동사항을 기재하는 란으로 사회초년생의 경우는 경력란이 불충분하므로 재학시절의 동아리 혹은 대내외적 활동사항을 기재하도록 한다. 기업에서는 이 란을 통해 지원자의 조직력, 협동심, 지도력 등을 파악할 수 있다.

06 | Work Experiences

학벌이나 자격증보다는 경력, 능력을 중시해서 채용하는 외국인회사에 지원할 경우 가장 중요한 부분이다. 최근의 경력부터 역순으로 쓰되 근무기간, 회사명, 소재지, 직위, 직무내용 등을 구체적으로 적는다. 여기서 중요한 것은 기업에서 필요로 하는 업무내용과 관계없는 경력은 되도록 간소화시키고 관련있는 경력을 위주로 기술하는 것이 좋다.

07 | Military Service

병역란은 보통 병역필 혹은 면제자를 원하는 경우가 많으므로 반드시 밝혀 둔다. 방위소집 복무지도 현역과 마찬가지로 입대날짜와 제대날짜만 쓰면 되며, 면제자의 경우 'Exempted from Military Service'라고 쓰면 된다.

08 | Reward and Punishments

교내외 입상경력을 기재하는데 상벌 사항이 없으면 'None'이라고 적으면 된다.

09 | References

외국인 기업에서는 취업시 추천인을 명시하도록 하고 있다. 추천인은 신원보증인이 될 수 있는 교수, 친척, 선배 등을 기재하는데 성명, 직원, 직위, 직장, 전화번호 등을 적는다. 보통 2명의 추천인을 기재하는 것이 좋고, 기재하기 전에 추천인의 허락을 얻어야 한다.

10 | Etc

이러한 모든 것에 대한 기록이 끝나면 국문이력서의 '상기의 내용은 틀림 없음'이라는 뜻의 'I here by~'이하의 내용을 기록한 뒤 3행 정도 띈 다음 작성 년월일과 이름을 적고 이름 밑에 서명을 한다. 이때 타이핑으로 이력서를 작성한 경우라도 반드시 자필로 서명을 해야 한다.

끝으로 추천서 및 기타서류는 기업이 요청할 때 별도로 제공하면 되므로 'References available upon request(추천서 및 기타서류는 귀사요청시 제출하겠음)'이라고 적으면 된다.

section 02 자기소개서

01. 자기소개서의 이해

자기소개서는 대부분의 사회복지 기관 및 시설이 요구하고 있는데, 독특한 입사지원서 양식을 가지고 있는 사회복지 기관 및 시설에서는 입사지원서의 뒷면 또는 별지를 이용하여 고유의 자기소개서 양식을 갖추고 있고, 반면 그렇지 않은 사회복지 기관 및 시설들의 경우에는 원고지 또는 A4 용지를 사용하여 자기소개서를 작성하여 제출하도록 하고 있다.

이렇게 제출되는 자기소개서는 입사지원서와 더불어 전형과정에서 매우 중요한 역할을 맡게 된다. 즉, 입사지원서가 개개인을 개괄적으로 이해할 수 있는 기초자료로 쓰이는데 비해, 자기소개서는 이에 더 나아가 한 개인을 보다 포괄적으로 폭넓게 이해할 수 있는 구체적인 자료로 활용될 수 가 있다. 다시 말해서 입사지원서에서는 드러날 수 없는 또 다른 요소들이 자기소개서에서는 나타날 수도 있다는 것이다.

자기소개서는 일정한 양식이 있는 것이 아니고 이력서를 문장으로 표현하는 것이라고 할 수 있으며 무엇보다도 자신을 가장 잘 표현할 수 있으면 되겠지만 대체로 1. 이력서, 2. 특기(장점), 3. 능력(자격증), 4. 사고방식, 5. 결론 순서로 쓰고 있는 것이 일반적이며 자기소개서에도 기본은 있다. 즉, 논문을 작성할 때 기본적인 서론, 본론, 결론의 전개패턴이 있는 것처럼 자기소개서에도 기본적으로 갖춰야 할 전개패턴이 있다. 물론, 반드시 그러해야 한다는 것은 아니지만, 내용의 충실성에 만전을 기한다는 차원에서 다음의 기본적인 사항은 갖춰 주는 것이 좋다.

여기에서 기본적인 사항이란 성장과정, 성격 및 장·단점, 학창생활, 지원동기 및 포부 등 네 가지 정도의 항목을 말한다. 이 항목들은 자기소개서에 없어서는 안될 핵심요소로써, 인사담당자에게는 지원자에 대한 가장 기초적인 자료로 삼게 되는 것이다.

따라서 자기소개서는 서류전형을 통해 채용을 실시하는 사회복지 기관 및 시설에 있어서는 합격 여부의 결정과정에서 상당히 중요한 역할을 하게 된다. 또 필기시험을 통해 채용을 실시하는 사회복지 기관 및 시설이라 하더라도 이는 면접과정 등에서 개인에 대한 중요한 이해자료로 활용되고 있다.

02. 자기소개서 작성요령

기업체에 따라 약간씩 다르지만, 앞면은 입사지원서, 뒷면은 자기소개서로 보통 다섯 항목의 난이 나뉘어져 있다. 즉, 성장과정, 성격소개, 지원동기, 희망업무(직종) 및 포부, 그리고 특기사항이다. 200자 원고지 한 장 정도 들어갈 분량으로 줄이 쳐져 있는 것이 보통인데 이 자기소개서는 '인사비밀카드'로 회사에 영구 보존되는 것이 일반적이다.

01 | 성장과정

이 난은 제한된 지면이므로, 미리 자기가 써야 할 것을 간추려본 후에 또박또박 깨끗이 써야 한다. 이때 평범성보다는 가급적 남들이 관심을 갖지 않던 새로운 분야에 대한 언급이 필요하다. 학교나 경력 등은 이미 이력서 또는 지원서에 기록이 되어있기 때문에, 이중으로 기술할 필요는 없다. 가훈 또는 고학(아르바이트 등) 등을 통한 역경 등을 딛고 일어선 의지 등을 기술하면 좋다.

02 | 성격소개

일부러 진실하지 못한 진술을 할 필요가 없다. 미사여구를 동원하다 스스로 함정에 빠지는 경우가 많기 때문이다. 장점을 최대한 부각시켜 자신을 소개하는 능력이 필요하다. 단점에 대해서도 진솔하게 기술하고, 그것을 극복하기 위해 어떤 노력을 하고 있는지를 진술하면, 오히려 장점으로 부각될 수 있다. 어느 경우에서든지 완벽한 인간은 존재하지 않기 때문에, 스스로 완벽하다고 말하는 것은 넌센스임을 명심해야 한다. 적극적인 사고, 성실성, 근면성, 원만한 품성, 미래에 대한 도전의지, 패기 있는 성격 등을 나타낼 수 있도록 유의해야 한다.

03 | 지원동기

친구, 선배의 소개 및 권유, 학교 선생의 추천 등이 있을 수 있겠지만, 보다 더 명백한 기술이 필요하다. 자신의 적성과 비전을 제시하는 방법도 추천할만 하다. 취업하고자 하는 기업의 업종, 경영이념, 창업정신, 성격 등을 알아서 그 기업의 업종이나 특성에 맞게 지원동기를 기술한다면 좋을 것이다.

04 | 희망업무 및 포부

희망업무는 이미 지원동기에서 언급한 것처럼 전공, 적성을 살리기 위해서 나, 또는 평소 그 업종에 대한 관심과 연구가 있었다면 좋을 것이다. 포부 수준도 비슷하다. 구체적으로 자기가 선택한 업종에 대한 목표성취나 개발을 위해 어떠한 계획을 가지고 있다는 것을 언급하라. 그렇다고 너무 수준을 높이는 우를 범할 필요는 없다. 늘 '신입사원'이 되는 것을 잊지 말아야 한다.

05 | 특기사항

전공의 특성 외에도 부전공, 외국어 구사의 능력, 번역 등의 실력을 과감하게 밝힐 필요가 있다. 특히 요즈음은 외국어 능력을 중시하고 있으므로 중국, 러시아, 동구권 등의 새로운 시장을 대비하여 중국어, 러시아어, 아랍어 등을 익혀두면 좋을 것이다. 그밖에 컴퓨터 사용능력, 운전, 운동 여부와 각종 자격증, 면허증 등의 소지를 사실대로 진술해야 유리하다.

03. 자기소개서 작성시 유의사항

01 | 독창성있는 자기 소개

개인의 성장과정이나 생각 등을 적어 내려 가다보면 자칫 천편일률적인 내용이 되기 일쑤여서 읽는 사람이 지루해 지기 마련이다. 수많은 응시자의 자기 소개서 중에서 눈에 띄기 위해서는 독특한 작성이 요구된다. 문장력이 뛰어나다면 금상첨화겠지만 그렇지 않더라도 작문을 하는 것처럼 제목을 특이하게 붙여본다던지, 일상적 어투에서 벗어나 선현의 말씀을 인용하는 등의 노력이 필요하다.

02 | 논리적인 문맥 연결

수필과 감상문에서는 논리성이 비교적 적지만 자기소개서는 그 주장하는 논리성이 분명해야 한다. 문장과 문장의 연결, 단락의 연결에 있어서 보다 논리적이어야 한다. 자기소개서에 들어가는 내용은 성장과정, 성격, 특별한 능력, 생활신조, 지원동기, 장래희망이나 포부 등이다. 각 내용은 기본적으로 '1.2.4.2법칙'에 따라 작성하는 것이 좋다. 즉 전체를 10으로 볼 때 성장과정의 중요도가 1이라면, 성격은 1, 학교생활 2, 지원동기 4, 입사 후 포부 2 정도로 배분한다. 그만큼 지원동기가 중요한데 '내가 왜 이 회사에 들어가려고 하는지', '내가 왜 이 직종을 택했는지'에 대한 이유를 적고 그렇게 하기 위해 학창 시절에 얼마나 노력했는지를 밝히고, 입사 후 어떻게 하고 싶다는 내용까지 일관성있게 기술하는 것이 좋다.

03 | 중복되는 말의 회피

짧은 자기소개서에 같은 말이 여러 번 되풀이 되면 생각이 짧다는 인상을 줄 수 있다. 되도록이면 중복되는 말은 피하도록 한다.

04 | 한글과 한문의 혼용

일단 사회에 첫발을 들여 놓으면 어쩔 수 없이 한문과 접하는 기회, 특히 동남아의 한문권이 상당히 많음을 알아야 한다. 그렇기 때문에 자기소개서에 한글과 한문을 병용해서 기술하라는 요구가 있다. 또 한글보다는 한문을 같이 써서 자기소개서를 작성하면, 채점관의 이해를 도울 수 있고, 응시자의 한문실력을 인정받을 수 있게 된다.

05 | 맞춤법, 띄어쓰기의 중요성

맞춤법이 너무 엉망이어서는 안된다. 지극히 어려운 맞춤법의 경우에는 몰라도, 자주 쓰는 낱말의 맞춤법을 틀리면 응시자의 국어실력을 의심받게 된다. 띄어쓰기의 경우, 만약 잘못 사용한다면 문법적인 사항은 차치하고서라도 일단 읽기가 힘들어진다. 따라서 채점관의 눈에 거슬릴게 분명하며, 아예 읽지도 않고 넘어 갈지도 모른다.

06 | 성장과정의 연대순 기술

가정환경이나 성장과정, 대내외 활동 등은 연대순에 의해 기술한다. 가풍이나 재학시절의 독특한 경험, 가치관에 영향을 준 일 등을 작성하되 평범한 이야기는 피하고 자연스럽게 자신의 성격을 드러내는 것이 무난하다. 아울러 채용담당자가 궁금해 하는 것은 과거보다 현재의 모습이므로 과거에 어떻게 됐다고 끝내지 말고 그것을 통해 얻은 것이 무엇인지를 기술하는 것이 좋다.

07 | 회사에 따라 내용을 달리 작성

지망회사의 성격이나 업무내용에 따라 내용을 조정하는 융통성이 필요하다. 언론사나 방송사라면 우등상보다는 번뜩이는 재치와 창의력, 대내외의 활발한 활동이 돋보일 수 있겠고, 일반기업의 경우 업무능력과 연관한 활동내용과 성실성이 높은 점수를 받을 수 있다. 똑같은 내용으로 자기소개서를 여러 통 작성해 두기보다는 지망분야에 따라 2~3종류의 자기소개서를 준비해 두는 것이 좋다.

08 | 경력자는 실무경력을 위주로

경력자의 경우에는 성장과정이나 성격 등과 같은 기초적인 내용보다는 실제 업무 경험 및 능력이 보다 중요하다. 따라서 실제로 경험했던 업무내용을 위주로 기술하고 처리 가능한 업무범위, 처리능력 등을 기술한다.

09 | 자기PR을 적극적으로 하되 과장되지 않게

외국어능력, 컴퓨터 활용능력 등 장점이 될 수 있는 것은 객관적, 구체적으로 PR한다. (예 토익점수, 다룰 수 있는 컴퓨터 프로그램 등) 성격은 장점만 소개하지 말고 자신의 단점 역시 솔직하게 시인하고 이를 극복하기 위해 어떠한 노력을 하고 있는지 서술하는 편이 좋다.

10 | 충분한 시간을 갖고 미리 작성

자기소개서 작성시 분량이 정해져 있는 경우라면 그에 따르도록 하고, 그렇지 않으면 대개 200자 원고지 5장 정도의 분량이 가장 적합하다. 초고 작성 후, 여러번 반복해서 읽으며 내용과 문장을 수정, 보완한 후 최종 작성하는 것이 좋다. 수정할 부분이 있을 때는 새로 작성하여 여기저기 뜯어 고친 흔적이 없도록 하고 오자나 탈자에도 주의한다.

11 | 작성된 자기소개서는 복사해두거나 하드나 이동식디스크에 저장해 두자

만일 서류전형에 통과하고 면접을 보게 되면 자신이 보낸 자기소개서는 면접관의 질문자료가 될 수 있다. 따라서 자신이 쓴 내용은 반드시 기억해 두는게 필수적이며 이를 위해 복사해두면 유용하다. 또한 하드디스크나 이동식디스크에 저장하여 소지하고 다니면 갑자기 원서를 내야 할 경우에 즉시 사용할 수 있다.

〈자기소개서 작성사례〉

성장과정	충청북도 제천에서 1남 1녀 중 장남으로 태어났으며, 선대로부터 내려오는 '우정, 사랑, 믿음'의 가훈을 정신적 지주로 삼고 성장했습니다. 엄격하시면서도 자상하신 할아버지, 할머니, 교육자이신 아버지, 근검과 절약을 늘 강조하신 어머니의 가르침은 생활의 정도를 걷게 하는 길잡이가 되고 있습니다. 친·외가 가족이 많아 형제들간의 돈독한 우애는 남다르며, 집안의 경조사를 많이 봐왔기 때문에 조상에 대한 공경심 또한 큽니다. 웃어른과 함께 하는 일이 많은 덕분에 주위분들로 부터 착실하고 예의바르다는 칭찬을 많이 들었습니다.
성격 및 교우관계	매사에 차분한 반면 밝고 명랑한 성격입니다. 그러나 때로는 무슨 일이든지 능동적으로 처리해 보려는 적극성 때문에 낭패를 본적도 있지만, 남들이 망설이는 일을 먼저 시작하여 성공하는 성취의 기쁨이 더욱 큽니다. 교우관계는 어릴 때부터 원만한 편이며, 대학에 와서는 같은 과 친구들에게 국한하지 않고 보다 넓은 교우관계를 맺어왔습니다. 이것은 성격 자체가 모가 나지 않은 이유도 있었지만, 교우관계의 폭을 넓혀 좀 더 큰 세상을 보려는 생각에서 비롯된 노력의 결과라 하겠습니다.
교내·외 활동 및 경력	초등학교 때부터 학교 대표로 뽑혀 많은 글짓기 대회 및 각종 행사에 참여하였으며, 중학교 때는 교육장상을 수상하였습니다. 또한 고등학교 재학 중에는 고등학교 연합 영어독해 동아리에서 2년간 공부를 했습니다. 대학에서는 성적우수 장학금을 1학년에서 2학년까지 3회 받았습니다. 그 밖에도 틈틈이 영타와 한타 기능을 익혔고, 컴퓨터와 영어회화는 본 대학 부설기관에서 각각 집중과정을 마쳤습니다. 그 결과 컴퓨터는 정보처리기사 1급 자격증을 취득할 수 있었습니다. 또한 1학년 1학기에 학과에서 양로원을 방문하였을 때 봉사활동에서 얻을 수 있는 기쁨과 보람이 보통의 동아리활동에서 얻는 것과는 다른 한 차원 높은 자긍심이라는 것을 느꼈고, 그래서 대학 1학년 여름부터 야학에서 자원봉사활동을 2년간 해오고 있습니다. 앞으로는 기쁨과 즐거움을 함께 나눌 수 있는 이러한 활동들을 계속할 예정입니다.
인생관 및 직업관	대학 초기에는 이상을 추구하는 것이 최고이고 현실에 집착하는 것은 비열하다는 생각을 했었습니다. 그러나 방학 중 행정기관에서 경험한 행정업무 보조 아르바이트와 2개월 간의 해외연수를 통해 현실과 사회를 깊이 있게 터득할 수 있었습니다. 그때의 경험이 그 어떤 배움보다도 큰 가르침이었습니다. 현재는 현실을 바탕으로 끊임없이 이상을 추구해 나가겠다는 생활 철학을 정립하였습니다. 흔히 인간을 사회적인 동물이라고 하며, 취업은 대표적인 사회 활동입니다. 그러므로 저는 직장에서 제가 가진 포부와 이상을 실현하기 위해 맡은 일에 최선을 다할 것입니다.
지원동기 및 포부	'귀중한 체험과 특별한 감동'이라는 훌륭한 상품을 고객들에게 제공한다는 일은 저의 의욕을 불러 일으켰습니다. 그리고 업무 분할이 확실히 구분되어 있는 다른 기관에 비해 귀 사는 상품기획에서부터 사후 서비스까지의 일련의 흐름을 각자가 책임을 지고 수행해 가는 업무 커리큘럼을 가지고 있는 것을 알고 있습니다. 이것은 사원의 성장을 촉진하고 책임 의식을 높이는 매우 좋은 시스템이라고 생각합니다. 어쨌든 파격세일 여행과 같이 단순히 싼 비용만을 전면에 내걸거나, 즉흥적인 착상만으로 만들어진 상품이 많은 요즈음 '신뢰와 재치가 담긴 내실 있는 기획'으로 사람들의 관심을 모을 수 있는 상품을 만들어 보고 싶으며, 귀사는 다양한 취향을 종합한 상품을 꾸준히 만들어 내고, 소수 정예의 사원으로 신뢰도가 높기에 지망하게 되었습니다.

04. 영문자기소개서 작성요령

미국과 유럽을 비롯한 구미에는 실제적으로 자기소개서라는 글은 존재하지 않는다. 단지 이력서를 제출할 때는 인사담당자, 또는 해당 관리자에게 정중하게 편지를 써서 이력서와 함께 동봉하는데, 이를 'Cover Letter'라고 하며, 이는 구직시 필수요건이다.

Cover Letter는 장황하게 쓰는 것은 금물이며, A4용지 한장 정도의 분량으로 작성한다. 방식은 일반편지를 쓰는 것과 거의 동일하다.

01 | 형식적인 면

A4용지나 미국 규격 Letter지를 사용하며 종이질은 고급으로 하는 것이 산뜻한 이미지를 준다. 색깔은 흰색이나 미색이 적당하며, 분홍색이나 하늘색 또는 무늬가 있는 종이, 상호가 인쇄되어 있는 종이는 사용해서는 안된다.

분량은 되도록이면 1페이지를 넘어서는 안되며 세 단락 정도로 나누어서 작성한다. 반드시 검정색 잉크를 사용해 타이핑을 하고 절대로 복사한 사본을 제출해서는 안된다.(타이핑 시 보기 좋게 여백을 둔다.)

올바른 문법과 알맞은 표현을 써야하며, 너무 길게 쓰지 않는다.

02 | 내용적인 면

상단 우측에 현주소를 도로명 · 구 · 시 · 우편번호의 순으로 적고, 바로 밑에 월 · 일 · 연도의 순으로 날짜를 적는다.

날짜 밑으로 서너줄 띈 후 좌측에 채용담당자의 이름, 그 사람의 직책, 부서명, 회사명을 기입힌다. 그 밑에는 붙여서 수신인의 주소를 위의 순서로 기입한다. 이때 담당자의 이름을 모를 경우 Personnel Manager(인사담당자)라고 쓴다.

Chapter 13 면접예절

section 01 면접의 의의

01. 면접시험의 개요

면접시험이란 서로 얼굴을 맞대고 만나서 서로 묻고 대답하는 시험을 말한다. 즉 시험관과 수험자가 마주하여 인물, 언행, 지식 등을 시험하는 것으로 인간 됨됨이를 평가받는 것으로서 필기시험에서 테스트할 수 없는 요소를 보완할 수 있다.

면접시험은 단점을 발견하는 것이 아니라 장점을 파악하려는 것이다.

기업의 경영자 또는 인사 담당자가 수험생과 직접 접촉하여 여러 가지 질문을 통하여 그에 대한 응답에서 그 기업에서의 적응력 혹은 직무 수행 능력 따위를 되도록 정확하게 파악하는 방법이다. 따라서 면접시험은 수험생의 종합적인 인물 평가를 하는 시험으로 채용 절차상 필수 과정이며 비중도 높다. 이전에는 면접이 필기시험에 의해 채용이 거의 결정되고 난 뒤, 최종 합격을 위한 형식적인 대면을 하는 정도였으나, 최근에는 필기시험(서류 전형)에 의한 실력 평가와 수험생의 잠재능력이나 의욕 및 됨됨이를 보다 깊이 연구, 면접 기준을 엄격히 하고 있다. 따라서 수험생들은 특별히 면접에 대한 준비를 게을리 해서는 안된다. 아무리 학교 성적이 우수하고 모든 자격증을 취득하여도 면접관이 요구하는 인간상에 접근하고 있음을 보여주지 않으면 합격의 관문을 도달할 수 없다. 면접시간은 일반적으로 30분 이내의 짧은 시간으로, 이 시간에 시험의 당락이 결정되기 때문에 수험생들은 자기가 지원한 기업의 면접 사항에 대해 충분히 대비를 해 두는 것이 합격의 지름길이 될 것이며, 취업을 희망하는 학생들은 면접에 대하여 효과적인 대책을 마련해야 한다.

02. 면접시험의 중요성

기업의 흥망이나 발전 여부는 회사 구성원에 달려 있으므로 높은 지식과 원만한 인격자로서 조직 내에 적응하고 창조적이며 적극적인 대외관계의 수행을 감당할 수 있는 사람 필요로 한다. 학업 성적보다는 면접 결과를 더욱 중시하고 있다는 사실을 직시하고 알찬 학교 생활을 해야 한다.

(1) 현재의 채용 방법은 다수의 채용 방법에서 소수 정예 방법으로 바뀌고 있다.

(2) 기업측은 면접시험에 대한 깊은 연구를 통하여 면접 기준을 강화해 가는 것이 현재의 추세이다.

(3) 단순 지식보다는 잠재적인 능력과 성취 의욕을 가진 사람을 면접시험에서 발견하려는 데 의도가 있다.

(4) 환경변화에 적응할 수 있는 사람을 채용하여 기업 이익에 맞는 사람을 채용하려 하기 때문이다.

(5) 기업들도 인재의 중요성을 인식하여 사람 됨됨이에 초점을 맞추고 있다.

03. 면접시험의 역할

01 | 종합적인 인물 평가

면접시험을 흔히 "인물 시험"이라 하는데 실제로 면접 위원이 수험생과 직접 대면하게 되므로 면접자의 용모, 표정, 태도를 종합해서 관찰할 수 있다.

02 | 성격이나 업무에 대한 특성

면접자의 복장, 표정, 동작이나 취미, 특기 등을 통하여 성격이나 적성 등을 분석, 판별할 수 있다.

03 | 취직 동기 및 의욕

이것은 자기소개서나 작문 시험 등으로 판단할 수 있지만 면접에서는 기업 측의 사정이나 기대 내용을 수험생에게 설명해 줄 수 있으며, 이에 대한 반응의 관찰, 질의응답으로 보다 명확하게 취업의 동기나 열의를 알 수 있다.

04 | 지식 및 교양 정도

이것은 필기시험으로 판단할 수 있지만 면접 질문을 통해서 그 응답 내용으로 수험생의 지식 교양을 보다 정확하게 판단한다.

05 | 이해력과 표현력의 정도

면접은 언어의 질문과 대답으로 진행되므로 질문에 대한 이해, 자기 의사 전달의 요령 등 이해력이나 수험자 개인의 언어 표현 능력을 평가, 판정한다.

06 | 협조성 및 지도력 여부

협조성은 적응 능력의 가장 중요한 요소이며 지도성 등은 직무 수행 능력의 중요한 관찰 대상이다.

07 | 기타

수험생의 사고방식과 생활 태도, 직업관 등은 중요한 관찰 대상이 된다.

04. 면접시험의 평가 요소와 기준

면접시험에는 정답이 없기 때문에 특정의 평가 요소와 기준이 있는 것은 아니다. 그러나 바람직한 인물을 선발하는 것이 면접의 목적이므로 기업에 따라 혹은 면접 위원에 따라 그 평가 기준이 비록 유동적이기는 해도 일반적으로 공통된 기준은 마련될 수 있다. 즉 바람직한 인물이란 누구나 심신이 건강하고 인품이 원만하며 지식과 교양이 풍부하고 일에 대한 열의가 있는 사람을 연상하게 된다. 예를 들자면 동일한 질문에 동일한 대답이라고 해도 면접시험에서는 반드시 동일한 점수를 받는다고 할 수는 없다. 기업에 따라 혹은 면접 위원의 주관적 판단이나 감정적인 기호, 채용 예정 부서에 따라 평가는 달라질 수 있다는 것이다.

그렇다고 면접시험의 평정 요소가 비록 아주 유동적인 것이라 해도 일반적 기준이 없느냐 하면 반드시 그렇지는 않다. 면접시험의 목적은 그 기업체 있어 바람직한 인물을 선발하는데 있으며 일반적으로 심신이 건강하고, 인품이 원만하며, 학식과 지식이 풍부하고, 일에 대한 열의가 있는 사람이라면 평정요소나 기준에도 저절로 일정한 척도가 나오게 되는 것이다.

다음은 면접시험에서 면접 위원이 수험생으로부터 얻을 수 있는 평정요소이다.

(1) 외모에 대한 인상적 평가 요소

기업은 널리 외부와의 접촉을 필요로 하기 때문에 사원은 다른 사람들에게 혐오감을 주어서는 안 되며 되도록 좋은 인상을 주어야 한다. 따라서 신입 사원 면접시험에서는 외모에서 받는 인상적 요소가 매우 중요시되고 있다.

면접 위원은 수험생의 외모를 통해 건강 상태, 용모, 태도, 패기, 명랑성, 협조성, 대화법, 호감도 등을 평가하게 된다.

(2) 질의응답에 의한 내용적 평가 요소

면접 위원과 수험생의 질의 응답 과정에서 얻어지는 평가 요소이다. 즉 수험생의 대답을 통해 이해력, 판단력, 적극성, 성실성, 계획성, 안정성, 일반상식, 인생관, 직업관, 지식과 교양의 정도 등을 살피게 된다.

(3) 서류 확인에 의한 자료적 평가 요소

서류 심사는 일반적으로 이력서, 신상조사서, 입사 지원서 등에 기재된 사실 자료의 평가 요소만을 기초로 하여 심사하게 된다. 그러나 면접시험은 이들 자료를 바탕으로 하여 수험생 본인에게 직접 확인할 수 있으므로 더욱 정확히 평가할 수 있다. 주로 가족 사항·부친의 직업, 이력, 특기, 면허, 자격, 취미 등을 확인한다.

05. 면접시험에서 체크하는 내용

(1) 기업에 입사하게 된 동기 및 의욕을 파악하려 노력한다. 단순한 지식보다는 수험생 자신의 의욕과 하려는 의지를 파악한다.(적극성, 직업관, 지원동기 등 질문)

(2) 전문지식 및 교양 정도의 척도를 점검한다. 필기시험이나 학교 성적으로 파악할 수 없는 지식이나 교양을 면접을 통하여 점검한다.

(3) 기업의 조직원으로서 다른 사람과 더불어 협조할 수 있는 사람인가를 알아내려는 것도 면접의 중요성이다. 협동심, 대인관계 및 인간성, 학교에서의 활동, 학교생활 충실도 등 질문하여 개개인의 조직생활 적응도를 알아본다.

(4) 성격이나 적성을 파악함으로써 기업에 적응할 수 있는 사람인가를 점검하는 것이 면접이다. 자신의 성격 장·단점 등 질문을 하여 성격을 알아본다.

(5) 언어의 이해력과 표현력의 정도를 파악한다. 논리적인 사고, 판단력의 기민성, 임기응변 할 수 있는 결단력 등을 소유하고 있는가를 알아본다.

(6) 면접에 임해서는 면접관의 질문의 요점을 파악하여 결론부터 말하도록 한다.

(7) 자신 있는 부분에서 승부를 걸도록 한다.

(8) 응시한 기업에 대해 충분한 사전 지식을 가지고 면접에 임하도록 한다.

(9) 전공 지식도 중요하지만 최근 시사 상식에 대해서도 충분한 대비를 한다.

(10) 가정에서의 가르침과 역할은 가정교육, 가족사항 가훈, 좌우명 등을 충실히 수행하고 있는 가를 통해 알아본다.

(11) 이미 제출한 서류(입사지원서, 자기소개서, 이력서, 생활기록부 사본 등)와 일치한 대답을 하도록 한다.

Tip 기업에서 요구하는 인재상

- 건강한 사람
- 명랑한 사람
- 상식이 풍부한 사람
- 인내력이 있는 사람
- 자기표현이 정확한 사람
- 성실한 사람
- 적극적인 사람
- 남을 도울 줄 아는 사람
- 대인관계가 원만한 사람
- 일 처리가 빈틈없는 사람
- 솔직하고 정직한 사람
- 자기의 잘못을 인정할 줄 아는 사람 등

위에 나온 사항 중 총 8가지 이상이어야 기업이 요구하는 인재상으로 볼 수 있다.

06. 면접시험의 준비와 마음가짐

01 | 평소의 자세

(1) 대화와 면접 기술의 습득

① 말하고자 하는 바를 마음속에서 정리, 체계 있게 말한다.

② 자신에 넘친 어조로 말한다.

③ 말에 억양을 붙여 활기 넘친 대화법을 쓴다.

④ 말을 끝까지 똑똑하게 발음하는 연습을 한다.

⑤ 질문을 받은 후 생각, 분석, 검토 후 조리있게 응답한다.

(2) 면접 기술에 관한 유의 사항

① 긴장하여 표정이 굳어지지 않도록 한다.
② 당황하여 안절부절못하고 시선을 올리지 않도록 한다.
③ 상대방의 진의를 잘못 받아들이지 않도록 한다. 특히 상대방의 이야기를 도중에 막지 않는다.
④ 자세를 바르게 가지고 예의를 지킨다.

(3) 경어의 올바른 사용법과 국어 상식의 습득

① 자신을 가르키는 말은 "저"를 표준으로 하고 "나"라는 1인칭을 사용하지 않는다.
② 친족이나 친척을 가리키는 경우에는 "아버지, 어머니, 형, 부모, 조부모"등을 쓰며 특별히 경칭을 사용하지 않는다.
③ 제 3자에 대하여는 특별히 경칭을 사용하지 않는다.
④ 지망 회사의 사장, 부장, 과장 등을 부를 때에는 일반적으로 "ㅇㅇ사장", "ㅇㅇ부장"이라 부르면 되겠지만 사장이나 부장은 직위명이지 존칭은 "사장님께서는, 부장님께서는" 하는 식으로 "님"자를 붙인다.

(4) 일반 상식의 습득

일반 상식의 범위로는 한정이 없으므로 매일 매일 생활하는 중에 늘 주의를 기울여 습득하는 길밖에 없다. 신문, 잡지 등을 통해 시사 상식을 습득하고 친구들과의 간단한 토론 연습을 한다.

02 | 수험 직전의 사전 준비

면접시험을 준비할 때 우선 지망 기업체에서 원하는 인간상, 출제내용 등의 정보를 분석하여야 하며, 또한 자신이 왜 이 기업에 지원했는지에 대한 동기, 회사 연혁, 사장이 강조하는 인간상과 사훈, 면접시 반드시 질문하는 사항 등을 확인해하여야 한다.

(1) 지망 회사에 관한 정보 입수와 점검

지원한 회사의 시험 날짜가 정해지면 수험자는 면접시험을 대비해 면밀한 계획을 세우고 그 정보를 입수하는 것이 무엇보다 중요하다. 제한된 기간 내에 합격이라는 목적을 달성하기 위해서는 지원한 기업의 특성을 알고 구체적으로 자신이 지원한 부서에 대해 미리 정보를 수집하여 대처하는 일이 우선되어야 한다.

지망 업체에 대한 정보는 학교의 취업 담당 부서를 통해서 수집하는 방법, 각종 취업 정보지나 서적, 신문 등을 통해 얻는 방법, 지원 회사에서 발간하는 사보나 기업 연감 등을 통해 알아보는 방법이 있다. 또한 회사를 직접 방문하는 것도 바람직한 방법이다.

필수적인 정보 점검 사항은 다음과 같다.

① 회사의 연혁

② 회장 또는 사장의 이름, 출신 학교와 전공과목

③ 회사의 사훈이나 경영 이념

④ 사장이 강조하는 인간상

⑤ 회사의 업종이나 대표적 상품

⑥ 업종별 계열회사의 수 및 관련 회사

⑦ 근무시간, 복리 후생 및 임금 관계

(2) 지망 회사 면접 형태에 대한 점검

자신이 지망하고자 하는 회사의 면접시험 형태 및 자주 질문되는 항목에 대한 사전 연구를 해 두는 것이 필요하다. 즉, 면접은 개인 면접인지 집단면접인지 그리고 면접 위원은 몇 명 정도 배석하며 면접시험 시간은 대략 어느 정도인지 등을 알아두는 것이 좋다. 또 그 기업에서 주안점을 두는 부분이 무엇인가에 대해서도 알아두면 매우 유리하다. 이 경우에는 최근에 그 회사에 입사한 선배들을 만나 그 선배들의 체험담을 통해 모든 것을 준비해 두는 것이 좋다.

(3) 자기소개에 관한 준비

면접은 자기 자신을 파는 것이다. 자기를 소개할 기회가 주어지면 자기의 생각이나 행동을 최대한으로 나타내 보여야 한다. 면접에 임하기에 앞서 일정한 시간을 정해 놓고 자기를 소개하는 연습을 해 볼 필요가 있다.

(4) 시사 상식에 대한 최종 정리

면접에서는 각 분야에 걸친 시사 상식을 자주 묻는다. 그러므로 중요한 사건이나 행사 등에 대해서 미리 공부를 해 둘 필요가 있다. 특히 최근의 것에는 더욱 신경을 써야 한다. 면접은 깊은 지식보다는 폭넓은 지식을 요구한다. 따라서 다양한 상식을 갖추어 만족한 답변을 할 수 있도록 한다.

03 | 면접 시험시 준비해야 할 질문

(1) 자기소개서(공통 질문으로 많이 이용) : 가족 관계, 가정 환경, 성격의 장단점, 취미·특기, 인생관, 장래 희망 등.

(2) 성장과정과 학력 및 학교생활 : 생년월일, 현주소, 학력, 학창시절에 인상에 남는 일, 잘하는 과목, 특별활동, 학급에서의 자기 직무 등

(3) 가족 관계 (가족소개) : 가족 사항, 부의 직업 및 소득, 재산 상태, 형제 직업, 동거 여부 등

(4) 인생관 및 생활 신조와 직업관 : 자신의 생활 신조, 존경하는 인물, 바람직한 회사원상, 여성의 직업관, 지망 동기, 희망부서, 입사 후 포부 등

(5) 취미, 오락, 스포츠

(6) 독서와 자격 사항

(7) 일반 상식과 시사문제, 전공 상식

04 | 면접에 임하는 마음가짐

(1) 청결한 몸차림(머리, 얼굴 화장 등)

(2) 단정한 복장(옷차림)

(3) 침착한 태도

(4) 밝고 명랑한 표정

(5) 적극적이고 창의적인 자세

07. 면접시 꼭 지켜야 할 기본적 사항

(1) 평상시의 컨디션을 유지한다.

(2) 폭넓게 독서를 한다.

(3) 면접 준비 계획을 설정하여 착실하게 실천한다.

(4) 지망하려는 기업에 대한 자료를 얻거나 선배 사원을 통하여 면접 유형에 대한 정보를 입수하여 준비 한다.

(5) 면접에는 유연하고 밝은 자세로 임하며 긍정적인 사고를 지닌다.

(6) 매사에 적극적인 자세로 임한다.

(7) 자기 자신을 객관적인 자세로 임한다.

(8) 면접 시에는 질문자의 질문의 주제를 정확히 파악하고 정확하고 논리 정연하게 대답한다.

(9) 질문 시에는 음성은 분명하게 표정은 밝게, 대답은 재치 있게 한다.

(10) 자세는 단정하게, 시선은 질문자의 눈을 주시하면서 대답한다.

(11) 말씨는 바르고 정중하면서도 간결하도록 한다.

(12) 대답은 되도록 성실하고 정직하게 하도록 한다.

(13) 너무 긴장하지 않도록 한다.

(14) 자연스럽게 미소를 보내는 것은 좋으나 입을 벌리거나 껄껄대고 웃는 것은 바람직하지 못하다.

08. 면접시 복장 매너

01 | 남성의 복장

(1) 양복 : 상하 한 벌, 감색이나 검정색, 어두운 회색

(2) 와이셔츠 : 흰색, 산뜻한 느낌을 주는 색상

(3) 넥타이 : 무늬가 명확하고 색깔의 대조가 강한 타이

(4) 구두 : 눈에 띄는 갈색 계통보다 검정색상, 옷색상보다 진한 것

(5) 양말 : 양복 색과 구두색 비슷한 약간 밝은 것

(6) 헤어스타일 : 자연스러운 짧은 헤어스타일

02 | 여성의 복장

(1) 검정, 자주, 감색 투피스에 흰색 또는 베이지색블라우스를 받쳐 입음

(2) 스커트의 길이(무릎 절반을 덮는 것), 몸에 꼭 끼는 스커트 금지

(3) 구두(검정색 하이힐, 적당한 굽)

(4) 자신을 잘 가꾸는 여성이라는 인상을 남기도록 고려

09. 면접시험의 순서

01 | 대기실

면접은 대기실에서부터 시작된다 해도 과언이 아니다. 대기실에서 순서를 기다릴 때에는 침착하고 바른 자세로 단정하게 기다린다. 이때 예상되는 질문에 대한 대답을 최종적으로 정리하면서 마음을 가다듬는다. 대기하는 동안 옆 사람과 잡담을 한다든지 큰소리로 웃거

나 말하는 것은 좋지 못하며 다리를 꼬고 비스듬히 앉는 것은 삼가해야 한다. 언제 회사 측 사람이 들어올지 모르기 때문에 어떤 상황에서든지 수험자로서의 자세를 잃지 않도록 해야 한다. 자기 차례가 가까워지면 다시 한 번 옷매무새를 가다듬고 표정이 굳어지지 않도록 긴장을 풀고 차분하게 마음을 가라앉히도록 한다.

02 | 호출

담당 직원이 자신의 이름을 부르면 똑똑히 대답하고 조용히 자리에서 일어나 직원이 안내하는 면접실로 간다. 면접실 문을 두세 번 가볍게 노크한 후 응답이 있으면 문을 열고 들어간다. 그러나 때로 '노크하지 말 것'이라고 써 붙여 놓은 경우나 안내원이 인도하는 경우는 노크할 필요가 없다.

03 | 입실

면접실에 들어서면 조용히 문을 닫은 다음 정면을 향해 가볍게 허리를 굽혀 인사를 한다. 그리고 면접 위원이 지시하는 자리로 가서 면접 위원에게 정식으로 인사를 하고 자기의 수험 번호와 성명을 말한 후 조용히 앉는다. 의자에 앉을 때는 몸이 부자연스럽지 않도록 의자 깊숙이 앉아 가슴을 펴고 등받이에 등을 약간 기대는 것이 좋다. 양손은 무릎 위에 자연스럽게 올려놓도록 하며 면접 위원의 눈을 너무 빤히 쳐다보거나 시선을 이리저리 돌리지 말고 면접 위원의 입 또는 가슴 높이에 시선을 두는 것이 좋다.

04 | 질의 응답

질문이 시작되면 침착하고 밝은 표정으로 면접 위원을 바라보며 똑똑한 발음으로 대답한다. 이 때 질문 내용에 맞는 대답을 조리있게 정확히 하는 것이 중요하다. 질문이 떨어지기가 무섭게 대답하거나 너무 빠른 말투는 삼가하며, 우물쭈물 거리지 않도록 해야 한다. 또한 너무 말을 꾸미지 말고 솔직하게 자신 있는 태도로 말하여 신뢰감을 주도록 하고 질문 내용에 대해서는 가능한 한 구체적으로 대답하는 것이 좋다. 특히 잘 모르는 질문에는 머뭇거리거나 더듬거리지 말고 5~10초 정도 생각해 본 후 생각이 나지 않으면 '모르겠습니다', '다른 데에 열중하다 보니 잊어버렸습니다' 등으로 솔직하고 명료하게 대답한다.

05 | 퇴장

모든 질문이 끝나면 예의바른 태도를 잃지 않도록 하며 입실할 때와 반대의 동작으로 조용히 면접실을 나간다. 이 때 주의할 점은 면접이 끝났다는 해방감에 무의식적으로 벌떡 일어나 도망치듯 급히 나가거나 문을 거칠게 닫는 일이 없도록 한다.

Tip 면접시에 꼭 알아야 할 주의 사항

- 면접시에는 면접관들에게 자기 자신을 솔직하게 보여 준다는 자세로 임한다. 자신의 모든 것을 보여 주려는 과욕은 금물이다.
- 면접관이 질문을 하면 결론부터 말하고 대답을 해야 한다.
- 유행어를 함부로 쓰거나 말을 잘못했다고 엉뚱한 변명을 하는 것도 좋은 태도가 아니다. 잘못은 솔직히 인정한다.
- 올바른 경어를 사용하되 질문 요지를 명확히 파악하여 자기 스타일로 자연스럽게 대답하도록 한다.
- 남의 의견을 존중할 줄 아는 자세를 보이면서 자기 차례가 왔을 때 핵심적인 얘기만 간결하게 표현하도록 한다.
- 자신의 차례가 끝나고 나면 다른 응시자가 대답을 끝마칠 때까지 차분히 기다리도록 한다.
- 질문은 한정되어 있다. 새로운 조류에 맞춰 변화했다 해도 기본적인 사항은 숙지하고 있어야 한다.
- 피면접자가 어느 시대 어느 상황을 막론하고 지켜야 할 일반적인 기준이 있다는 것이다.
- 소박한 질문이라도 자만하지 않도록 한다.
- 합격해야 한다는 강박관념으로 필요 이상의 말을 해서는 안된다.
- 질문의 요지를 잘 모를 때는 "다시 한번 말씀해 주십시오"라고 정중히 물어 본 다음 대답한다.
- 우물쭈물하거나 떨지 마라.
- 존대말을 쓰는 경우 유의해야 한다.
- 난처한 질문이라고 해서 손톱을 깨물거나 만지작거려서는 안된다.
- 아무리 자신 있는 질문이라고 해서 너무 빨리 큰소리로 대답해서는 안된다.
- 모르는 문제를 질문하면 잠시 생각한 다음에 "미처 준비를 못했습니다" 또는 "모르겠습니다"라고 분명히 의사를 표시한다. (입을 꾹 다문 상태로 있는 것은 결격이다.)
- 아무리 훌륭한 답변이라도 면접관이 잘못 평가하면 불합격이 되므로 정직하고 신뢰감을 주도록 한다.
- 다변과 궤변을 피하고 의욕있고 간결하게 대답한다.

Tip 호감을 주는 요령

- 결론부터 이야기 한다.
- 3분 이내에 이야기 한다.
- 질문의 요지를 파악하라.
- 말끝을 분명히 하라.
- 명확하게 바른 자세로 전달하라.
- 올바른 경어를 사용하라.
- 자신의 언어로 이야기하라.
- 자신있는 부분에서 승부를 걸어라.
- 싫은 질문도 성의껏 답하라.
- 최후의 순간까지 최선을 다하라.

section 02 면접의 종류

면접시험은 크게 세 가지 형태 즉 개별 면접, 집단면접, 집단토의식 면접으로 나눌 수 있다. 개별 면접은 또 다시 수험생, 면접 위원이 1대 1인 방식(단독면접)과 수험생 한 사람에 대하여 복수의 면접 위원이 마주하는 방식(개인면접)으로 구분된다. 이 중 어떠한 방법을 선택하느냐는 기업에 따라 다르기는 하지만 위의 세 가지 중 한 가지 또는 두 가지 이상을 병용하고 있다.

두 가지를 병용하는 경우에 있어서는 1차 면접에는 인사담당 또는 중간 관리 층에 의한 개별 면접을, 2차 면접에는 중역에 의한 집단면접을 실시하는 경우의 예를 들 수 있겠다.

특히 최근에는 면접시험을 2~3회 반복 실시하여 충분한 관찰과 평가를 거쳐 채용을 결정하는 기업이 늘고 있다.

01. 단독면접

수험생과 시험관이 1 : 1로 마주하는 형식이다.

단독면접은 1차면접(인사담당자 또는 부서장 급에 의한 개인 면접)와 2차면접(사장단이나 임원진 등의 중역에 의한 집단 면접)으로 이루어진다. 편안한 마음으로 면접에 임한다면 다른 면접에 비해 오히려 좋은 점수를 받을 수 있다.

단독면접의 장점과 단점은 다음과 같다.

(1) 장점

지원자의 신상과 자질에 대해서 조목조목 알아내는 데 좋은 방법이다.

(2) 단점

시간이 많이 걸리며, 지나친 긴장감을 조성하고 객관성을 잃을 가능성이 있다.

02. 개별면접

응시자 한 명에게 4~5명의 평가관에 의해 면접이 진행되는 형식이다. 한 사람의 평가관의 질문을 대답하는 가운데에도 다른 많은 평가관들이 응시자를 관찰하고 있어 평가관 전원에게 대답한다는 기분이다. 따라서 시선처리를 주의해야 한다.

질문이 다방면에서 물어오는 경우가 많으며 압박형의 면접이 진행되지만 당황하는 기색을 보이지 말고, 대화 변화에 따른 자연스런 태도가 요구된다.

개별면접의 장점과 단점은 다음과 같다.

(1) 장점

① 응시자를 집중적인 질문과 다양한 관찰로 완벽한 검증할 수 있다.
② 응시자의 능력을 맘껏 발휘할 수 있다.

(2) 단점

① 시간이 많이 걸린다.
② 지나친 긴장감 조성할 수 있다.
③ 난상 토론적인 소나기형 질문으로 혼란을 야기할 수 있다.

03. 집단면접

5~6명의 응시자와 5~6명의 평가관이 참석한 가운데 진행되는 면접 방식으로 질문 받는 순서에 따라 다소 불리하게도 유리하게도 작용될 수 있는 변수가 존재한다.

무리하게 옆의 수험생과 다른 엉뚱한 답변을 할 수도 있고, 자신이 대답하지 않는 경우에는 다른 수험생의 응답 태도를 잘 들어야 한다.

집단면접의 장점과 단점은 다음과 같다.

(1) 장점

개인의 특성을 파악하는 데 효과적이다.

(2) 단점

개인에 대한 깊이 있는 질문, 난상 토론식 질의 응답 불가능하다

04. 집단토론 면접

응시자들에 대한 치밀한 관찰을 통하여 협동성, 리더십, 논리력 등의 다방면에 대한 평가 목적이다. 6~8명의 응시자들에게 한가지 주제에 대해서 일정시간 토론을 하게 한 뒤, 응시자의 발언 내용이나 태도 등으로 평가하는 방법이다.

채점관은 발언의 내용, 토론의 분위기로 결과를 도출한다. 또한 채점관은 토론자를 대상

으로 상대를 설득시키려는 태도와 적극적이되 매너 있는 토론 태도를 평가한다.

장점과 단점은 다음과 같다.

(1) **장점**

응시자가 조직사회 속에서 얼마나 잘 융화할 수 있고 어떤 일에 적합한지 평가할 수 있다.

(2) **단점**

개인에 대한 구체적인 정보를 알거나 알려 줄 수 없다.

05. 새롭게 나타나는 면접 양식들

01 | 워킹 테스트

채용하는 직종에서 1~2개월간 일하면서 선배 사원들이 그 사람의 실무에서의 직종 합성을 평가하는 방식이다.

02 | 스쿨링 테스트

서류 심사에서 2배수를 선발한 후 3박 4일간 정도 합숙하는 방식으로 장기, 능력, 태도, 습관, 체력 등 평가한다.

03 | 문제해결과정 테스트

주어진 문제를 어떻게 해결하는가에 대한 접근방법 평가

04 | 위기 대처능력을 테스트

기업이 직면할 수 있는 위기의 유형을 제시하고 각각 대처 방법에 대해 아이디어를 묻는다.

05 | OHP테스트

미리 정해놓은 여러 주제 중 몇 개를 선택한 후, 30분 정도 준비시간을 가진 후 OHP재료로 설명하는 방식이다.

06 | 마라톤형 테스트

일종의 심층 면접 유형으로 1인당 2시간 정도 연속 자유 대화형식으로 인터뷰한다.

07 | KMS 테스트

채용하고자 하는 직종을 수행하는데 필요한 지식기반을 중점적으로 알아보기 위한 인터뷰 방식이다.

08 | 프레젠테이션 면접

응시직종에 맞는 주제를 제시하여 응시자가 나름대로 자신의 의견을 피력하고 평가관의 질문으로 진행한다.

09 | 블라인드 면접

평가관이 응시자에 대한 일체의 사전적 자료를 배제하고 실시하는 면접방식이다.

10 | 다차원 면접

응시자 5~6명이 한팀으로 구성되어 회사 측 구성원들과 하루를 보내며 개인을 평가하는 방식이다.

11 | 사원 면접

응시자들 여러 명을 한 팀으로 하여 일정한 주제를 제시한 후 마지막으로 다른 응시자를 서로 평가, 일하고픈 사람을 종이에 쓰게하여 많은 지지를 받은 사람을 고득점으로 하여 채용하는 방식이다.

06. 영어 면접

01 | 영어 면접

외국인 면접위원이 평가하는 면접과 외국인과 내국인이 함께하는 경우, 내국인이 평가하는 경우가 있다.

02 | 전화 면접

전화면접은 면접에 임하기 전 응시자의 인간성, 자신감, 말씨, 열성, 전문지식, 판단력을 알아본다. 거리상의 이유로 면접이 용이하지 않을 시 사용한다. 질문 리스트를 만들어 사전에 충분한 연습을 한다.

03 | 영어면접의 에티켓

(1) 면접시간에 늦지 않도록 사전답사를 할 것이며, 인터뷰어를 기다리게 해서는 안된다.

(2) 차례가 되어 들어가라고 할 경우 노크를 한 다음 조용히 문을 열고 들어선다.

(3) 인사하고 나서의 악수는 인터뷰어가 청할 때에만 하는 것이다.

(4) 인사를 할 때 인터뷰어의 호칭은 남자의 경우 Mr 여자의 경우는 Ms로 부른다, 인터뷰어의 직함을 정확히 알았을 때는 정확한 호칭으로 부르는 것도 좋다.

(5) 악수를 하게 되는 경우는 꽉 잡고 적당히 흔드는 것이 좋은데 이는 헐거운 악수는 상대방에게 신뢰를 주지 못하기 때문이다.

(6) 의자에 앉으라고 말이나 손짓을 하는 경우 감사하다는 말을 꼭 하고 앉아야 한다.

(7) 마주대한 거리가 멀다고 생각되면 허락을 받고 의자를 가까이 옮기되 이때 의자를 끌지 않으며, 몸이 서로 닿을 정도로 가까이 가지 않는다.

(8) 면접 중 시선은 인터뷰어의 얼굴에 향하되 이따금 딴 곳에 시선을 돌림으로써 자연스럽게 보이도록 함이며, 인터뷰어의 말을 잘 귀담아 들어야 한다. Hearing과 Listening은 다르다.

(9) 면접 때의 한마디 한마디는 공손한 말씨를 써야 하며 흔히 영어에는 존대말이 따로 없는 것으로 생각을 하나 영어에도 존대 말을 반드시 있다.

(10) 어떠한 경우라도 사투리나 속어는 쓰지 말아야 한다.

Chapter 14 프레젠테이션

section 01 프레젠테이션 의의

01. 프레젠테이션의 중요성

'프레젠테이션은 인생이다'라는 말이 있을 정도로 업무보고나 보고회, 기업설명회(IR), 발표, 브리핑, 연설, 교육, 취업 면접 등 대부분의 업무분야에서 그 능력이 중요하게 평가되고 있다. '프레젠테이션은 모든 것의 기초'라고도 하며, 리더가 되고 누군가에게 영향력을 미치고자 한다면 프레젠테이션을 피할 수 없다고도 이야기 한다.

'프레젠테이션'이란 용어는 단순히 사전적 의미인 '발표'나 '소개'로만 해석해서는 그 경중을 가늠하기 어렵다. 그 까닭은 프레젠테이션의 핵심인 '설득'이 생략되어 있기 때문이다. 그러므로 다시 명확한 정의를 내려 본다면 '프레젠테이션은 상대를 설득하기 위한 발표'라고 할 수 있다.

프레젠테이션은 내가 얻고자 하는 결과물을 끌어내기 위한 시작점이며, 직접적인 금전거래 및 이해를 끌어내는 수단이다. 비즈니스 프레젠테이션에서 부족함이란 오히려 안 한 것만 못한 결과를 불러올 뿐이다.

그렇다면 성공적인 프레젠테이션을 위해서는 무엇이 필요할까?

우선 프레젠테이션은 프레젠터(실무자)와 프레젠테이션 슬라이드가 함께 청중을 설득하는 과정이다. 먼저 프레젠터의 역할은 발표에 필요한 모든 기획을 완벽히 파악함은 물론 언제 어느 순간에 들이닥칠지 모르는 질문에도 답변이 가능한 재치가 필요하다. 프레젠터는 발표를 위해 그 자리에 서 있는 것이 아니다. 발표는 수단일 뿐 목적은 청중의 설득에 있다는 것을 잊지 말아야 할 것이다. 그렇다면 우리가 이해시키고자 하는 청중들에게 항상 예의있고 감정 상하지 않는 질문과 답변을 기대하기 보다는 스스로가 청중을 이해하고, 융통성이나 언어 구사력이 뛰어나야 하며, 목표지향적인 성격을 가져야 한다.

다음으로 프레젠테이션 슬라이드는 지금까지 단순히 기획한 내용을 얹어 놓기만 하는 도구로 여겨지기도 했는데, 이것이 최근에 와서 대단히 각광을 받고 있다. 이유는 프레젠터의 능력이 동일선상에 놓였다면, 이제 경쟁 요소는 슬라이드를 얼마나 잘 만드느냐에 달려 있다고 해도 과언이 아니다. 더욱이 배포를 목적으로 한다면, 그때는 순수하게 슬라이드로만 경쟁이 이루어 질 것이기 때문이다.

그렇다면 파워포인트를 보게 되는 사람의 주의를 끌어 집중시킬 수 있는 디자인의 중요성 또한 모두 잘 이해하고 있을 것이다. 내용이 아무리 좋더라도 불특정 다수의 사람들에게 나의 파워포인트를 소개하고자 한다면 슬라이드의 디자인 또한 청중의 눈에 잘 들어올 수 있도록 편안하여야 한다. 따라서 프레젠테이션은 청중을 설득하거나 정보 전달의 목적을 갖고 청중이 좀 더 이해하고 집중하기 쉬운 내용의 슬라이드와 청중의 눈에 더 잘 들어올 수 있는 디자인의 슬라이드 자료를 바탕으로 말하고자 하는 내용을 청중이 이해하고 받아들이기 쉽도록 효율적으로 전달하는 과정이다.

02. 프레젠테이션 잘하는 법

많은 사람들 앞에서 프레젠테이션을 할 경우, 단조로운 어조로 사람들을 짜증나게 만들거나 갑작스럽게 어투를 바꾸어 사람들을 당황하게 만들지 않고 정확하게 요점만 말할 수 있으려면 먼저 프레젠테이션의 목적을 확실하게 정해야 한다.

목적을 확실하게 알고 있다면 청중들을 자세히 살핀다. 청중에 맞춰 프레젠테이션을 하는 것이 중요하다. 청중이 누구이며, 그들이 왜 그 자리에 있는가, 그들이 프레젠테이션에서 얻고자 하는 것은 무엇인가에 대해 생각해보도록 하라.

이 모든 것들을 항상 확실하게 파악할 수는 없지만, 프레젠테이션을 하기에 앞서 되도록이면 정보를 많이 수집하는데 최선을 다할 필요가 있다. 물론 직원들에게 프레젠테이션을 할 경우에는 필요한 정보를 이미 가지고 있으므로 굳이 정보수집을 하지 않아도 된다.

다음 사항을 지키면 프레젠테이션을 더욱 잘할 수 있다.

(1) 구체적인 주제 및 강조할 사항을 정한다.

(2) 필요한 자료를 철저하게 수집하고, 체계적으로 연구한다. 시간 순서대로 정리를 하거나 찬반 양쪽의 의견을 제시하는 등의 여러가지 방법으로 할 수 있다.

(3) 문제를 확인한 다음 상황을 설명하고, 적절한 해결책을 제시한다.

(4) 수집한 자료들을 프레젠테이션하기 전에 철저하게 검토한 후 숙지한다. 어떤 질문이 든지 답을 할 수 있도록 한다.

(5) 충분한 시간을 가지고 철저히 준비한다. 프레젠테이션을 얼마 남겨놓지 않고 애쓰기 보다는 여유 있게 준비하는 것이 좋다.

(6) 자료의 요점을 정리한다.

전문가들은 프레젠테이션과 관련해 거의 비슷한 충고를 한다. 이것을 간략하게 정리해 보면 다음과 같다.

(1) 프레젠테이션에서 말할 내용을 숙지하고 연습한다.

(2) 먼저 가벼운 말을 하는 것으로 프레젠테이션을 시작한다.

(3) 수집한 정보 및 지식을 철저하게 이용하며, 강력하고 간결하게 준비한다.

(4) 청중들의 지식 및 정보를 훨씬 더 명확하게 하도록 도움을 주었다는데 자긍심을 갖는다.

또한 전문가들은 청중과 하나가 되라고 조언한다. 자연스럽고 유쾌한 몸짓을 사용해 주제와 이견을 전달하면 청중과 쉽게 하나가 될 수 있다. 이때 팔과 손의 위치에 따라 프레젠테이션의 성공 여부가 달라질 수도 있다. 따라서 어떤 몸짓으로 생각이나 아이디어를 잘 전달할 수 있을 지 연구하는 것이 중요하다. 혹시라도 어색하거나 자연스러워 보일 것 같지 않다는 판단이 들면, 등 뒤로 손을 모은 채 말하는 것도 좋은 방법이다. 몸짓과 더불어 얼굴 표정이나 목소리를 어떻게 할 것인가에 대해서도 신경 쓰도록 한다.

프레젠테이션에 있어서 가장 중요한 것은 우선 프레젠테이션의 목적을 확실하게 파악하는 것이다. 그리고 그 목적에 따라 세세한 프레젠테이션의 기술을 덧붙이는 것이 필요하다. 이러한 것이 청중에 대한 고려와 적절하게 조화를 이룰 때 비로소 훌륭한 프레젠테이션이 이루어지게 된다.

Tip P.T.요소 : KSA(Knowledge, Skill, Attitude)

참석자의 바람직한 행동의 변화를 달성하는데 필요한 3요소를 알고, 할 수 있고(기술이 있고), 할 마음이 들어야 하는 것.

section 02 프레젠테이션 실무

01. 성공적인 프레젠테이션을 위한 강사의 조건

01 | 시선(Eye contact)

(1) 시선은 항상 청중을 향하게 하며, 교육생이 많을 경우 지그재그법으로 시선처리한다.(시선을 자주 바꾸면 산만해 보인다)

(2) 시선과 함께 몸을 같이 움직인다.(부드럽고 자연스럽게 1 : 1로 이야기하는 느낌으로)

(3) 호의적인 사람과 아이컨텍 : 열성적인 사람

일정한 순서로 아이컨텍 : 오른쪽 → 가운데 → 왼쪽 → 가운데

02 | 제스처(Visual Hand)

손을 써서 이야기 내용을 시각화하는 것으로서 청중을 가리킬 때는 손바닥을 펴고 자연스럽게 가리키며, 제스처를 통해 크기, 양, 길이, 넓이를 표현할 수 있다.

(1) 청중에게 강력한 이미지를 심어준다.

(2) 설득력 증대 효과가 43%에 해당된다.(미네소타 주립대)

(3) 요점을 설명할 때 손가락으로 하나씩 순서를 세는 것도 좋다.

(4) 주머니에 손을 넣거나 팔짱을 끼지 않는다.

(5) 시계나 반지를 만지작거리지 않는다.

03 | 몸동작(Body Language)

(1) 불안감을 떨치고 자신감 있는 태도로 임한다.

(2) 똑바른 자세를 유지한다.(짝다리를 하지 말 것)

(3) 자연스럽게 움직인다.

(4) 얼굴 표정을 다양하게 변화시키고 미소의 위력을 이용한다.

04 | 화법(Speech Training)

(1) 음성의 크기 : 30명까지 육성(이상은 마이크 사용)

(2) 명료성 : 한번 이상 연습하고 말하기

(3) 억양 : 높낮이의 적절한 조절을 통해 단조롭지 않게 말하기

(4) 속도 : 청중이 알아듣기 적절한 속도(지나치게 빠르거나 느리지 않은 속도)

(5) 금지할 것 : 음담, 반말, 인터넷용어, 한사람만 띄우기

05 | 프레젠테이션 진행요령

(1) 반응관찰 : 교육생의 반응을 관찰하라. 예 이해, 재미, 지루

(2) 참여유도 : 교육생의 참여를 유도하라. 교육생을 모델로 활용하라. 예 박수치기

(3) 끝맺음 주의 : 시작만큼 끝맺음에도 주의를 기울여라.

① 요약을 몇 가지 할 것

② 질문받기 : 궁금하신 것 있나요?, 질문 있으신가요?

02. 동기부여를 위한 ARCS 이론

01 | Attention

청중의 주의를 집중시켜야 한다.

02 | Relevance

주제의 관련성 확립시킨다. 사례나 비유, 모의사항 등을 활용하는 것도 좋은 방법이다.

03 | Confidence

자신감을 통해 청중에게 적극적 기대를 하게 만들어야 한다. 또한 구체적이고 시각화의 자료를 구성해야 한다.

04 | Satisfaction

청중에게 만족감과 긍정적 느낌을 주어야 한다.

03. PT flow

(1) 1단계 : 니즈 파악(조직, 참가자, 기타)

(2) 2단계 : 계획의 수립(목적, 목표설정, 자료수집)

(3) 3단계 : 자료 준비

(4) 4단계 : 발표 준비 및 연습(말투, 억양, 시선, 제스처, 동선 등)

(5) 5단계 : 발표를 통한 자신이 전달하고자 하는 바를 청중에게 전달

(6) 6단계 : 발표 후 청중과의 대화를 통한 피드백 혹은 질의 응답

04. PT 준비

(1) PT 목적 설정

(2) 참석자 분석

(3) 자료수집

(4) 교육방법 설정

(5) PT 문안작성

(6) PT 시의 보조자료 준비

(7) 연습 후 실행

05. PT 활동 전개방법

(1) 서론(도입단계) : 주의집중(Attention), 동기부여(motivation), 강의개요(overview)

(2) 본론(전개단계) : 논리적이고, 체계적으로 key-word를 명확히 전달, 중간 동기부여

(3) 결론(종결단계) : 복습(review), 재동기부여(remotivation), 결어(closure)

06. 매체의 효과와 필요성

(1) 의미전달 효과에 대한 연구 결과(albert mehrabian)는 단어 7%, 목소리 38%, 시각자료 55%를 차지하는 것으로 나타났다.

(2) 프레젠테이션의 목적 달성도에 대한 연구결과(doug malouf)는 청각자료 33%, 시각과 청각자료 67%를 차지하는 것으로 나타났다.

(3) 오감별 정보습득 의존도는 시각 75%, 청각 11%, 촉각 7%, 미각 4%, 후각 3%로 나타났다.

07. 시각자료 작성 원칙

시각 효과를 높이는 단순화 방법은 다음과 같다.

(1) 핵심내용 위주로

(2) 단순 명료하게

(3) 복문 보다는 단문으로

08. PT 실천기법

연습이 중요한 이유는 다음과 같다.

(1) 실전은 연습보다 훨씬 긴장된다.

(2) 문어체와 구어체는 별개의 형식이다.

(3) 실제로 해보지 않으면 문제가 보이지 않는다.

(4) 알고 있는 것과 이를 논리적으로 설명하는 것은 별개의 문제이다.

09. PT 연습방법

01 | 1단계 방법

원고를 소리내어 읽으면서 연습한다.

(1) 준비물 : 원고 초안

(2) 피드백의 내용 : 주로 내용상의 문제점 수정(어색한 단어, 잘못된 표현, 논리상의 오류, 더 좋은 표현, 사례)

02 | 2단계 방법

실전과 유사하게 연습한다.

(1) 준비물 : 최종권고, 시각자료 초안

(2) 피드백의 내용(전체적인 조화, 원고내용과 시각자료의 일치성, 강사의 태도 : 바디랭귀지, 예상질문 및 답변방법)

03 | 3단계 방법

실전과 동일하게 한다.

(1) 준비물 : 최종원고, 최종시각자료, 발표장소

(2) 피드백의 내용 : 현장 적응 정도

10. PT 최종 점검 사항

01 | 외모, 용모

(1) 감청색 계통의 짙은 양복 정장에 검정색 구두가 기본

(2) 가디건이나 스웨터는 정장이 아니다.

(3) 상의 앞단추는 채우는 것이 단정해 보인다.

(4) 손수건, 필기구, 지갑 이외의 개인사물은 지참하지 않는다.

(5) 배지를 착용한다.

(6) 입장직전에 거울을 보고 최종점검을 한다.

02 | 준비물

(1) 발표원고

(2) 시각자료

(3) 배포자료

(4) 지시봉 / 포인터

(5) 참석자 관련 data

(6) 명함

(7) 손수건

(8) 자기 소개 자료(사회자용)

(9) 미지근한 물(냉수는 성대를 경직 시키므로 자양한다)

11. 자기소개

01 | 소개방법

(1) 본인이 직접 소개

(2) 제 3자(사회자, 진행자)가 소개

02 | 소개 멘트에 포함되어야 할 내용

(1) 소속, 직위, 성명

(2) 발표자로서의 전문성, 권위를 나타내는 내용

(3) 발표자로 선정된 배경

03 | 주의사항

(1) 입장 직후 청중이 박수 중일 때는 박수가 끝날 때까지 기다린다.

(2) 이름을 말할 때는 한자씩 끊어서 ○○○입니다.

(3) 지나친 과장과 자화자찬은 지양한다.

(4) 자기소개 직후 자연스럽게 opening으로 이어져야 한다.

(5) 청중의 주의집중이 최고조에 달할 때이므로 침묵은 어색하기 그지없다.

12. Opening 멘트

(1) 청중에 대한 인정과 감사 메시지

(2) PT 주제

(3) PT 실시배경, 목적, 학습목표

(4) PT 주제와 학습자의 관련성(업무, 개인적 이해 등)

(5) 발표 소요시간

(6) 전체 개요 및 시간 운영 계획

(7) 교재 안내 및 pt 진행과 관련된 내용 안내(질문요령) 등

(8) 종료 후 스케줄

13. 마무리

(1) 지금까지의 발표내용을 정리하고 결론을 다시 한번 강조

(2) 새로운 정보를 언급하지 않는다.(초점이 흐려짐)

(3) 끝내기 전에 자료를 챙기지 않는다.

(4) follow-up(a/s)차원에서 연락처를 제시한다.

(5) 부정적인 어조로 끝내지 않는다.

(6) 강한 메시지로 마무리 한다.

(7) 경청에 대한 감사의 메시지를 남긴다.

<table>
<tr><th colspan="6">프레젠테이션 체크리스트</th></tr>
<tr><td>주제</td><td colspan="3"></td><td>일시</td><td></td></tr>
<tr><td>프레젠터
성명</td><td></td><td>PPT 컷 수</td><td></td><td>소요시간</td><td></td></tr>
<tr><td>대상</td><td></td><td>인원</td><td></td><td>장소</td><td></td></tr>
<tr><td>목적</td><td colspan="5">◉ 프레젠테이션을 왜 하는가?</td></tr>
<tr><td>목표</td><td colspan="5">◉ 나의 프레젠테이션을 통해 청중들이 어떻게 되길 바라는가?</td></tr>
<tr><td>청중</td><td colspan="5">◉ 청중들은 어떤 사람들이며, 관심을 가지는 부분은 무엇일까?</td></tr>
<tr><td>장소</td><td colspan="5">◉ 나의 프레젠테이션을 실행하기에 문제는 없는지, 또 어떤 준비가 특별히 필요한가?</td></tr>
<tr><td rowspan="3">개략적
내용</td><td>도입부</td><td colspan="4"></td></tr>
<tr><td>전개부</td><td colspan="4"></td></tr>
<tr><td>종결부</td><td colspan="4"></td></tr>
<tr><td rowspan="6">예상되는
질의와
답변</td><td>문</td><td colspan="4"></td></tr>
<tr><td>답</td><td colspan="4"></td></tr>
<tr><td>문</td><td colspan="4"></td></tr>
<tr><td>답</td><td colspan="4"></td></tr>
<tr><td>문</td><td colspan="4"></td></tr>
<tr><td>답</td><td colspan="4"></td></tr>
<tr><td>특기사항</td><td colspan="5"></td></tr>
</table>

프레젠테이션 평가표							
체크항목			점수				
음성표현	1	목소리는 크기가 적절한가?	5	4	3	2	1
	2	말하는 속도가 적절한가?					
	3	발음이 분명한가?					
	4	목소리는 변화가 있는가?					
	5	여유와 포즈를 잘 활용했는가?					
신체표현	1	시선이 청중에게 골고루 머물렀는가?					
	2	표정이 자연스럽고 적절했는가?					
	3	안정적이고 바른 자세를 유지했는가?					
	4	자연스럽고 적절한 제스처를 사용했는가?					
	5	등단에서 하단까지 이동이 자연스러웠는가?					
시각 보조자료	1	시각보조물이 함축적 전달력이 있는가?					
	2	보조 자료에 대한 설명이 적절한가?					
	3	판서 및 보조자료 활용을 세련되게 운용하는가?					
마인드	1	열의와 열정이 느껴지는가?					
	2	딱딱하지 않고 편안하게 진행하는가?					
	3	감정과 마음이 담긴 내면화된 표현인가?					
내용구성	1	도입부로 청중의 관심을 끌었는가?					
	2	내용에 논리적인 일관성이 있는가?					
	3	주제가 명확하고 분명히 전달되었는가?					
	4	실례나 근거자료 등을 활용한 충분한 설명이 되었는가?					
	5	청중의 관심을 끄는 참신한 내용인가?					
	6	끝마무리를 인상적으로 잘 맺었는가?					
청중	1	적절한 질문과 답변이 이루어 졌는가?					
	2	청중 참여적인 진행인가?					
	3	청중을 잘 고려한 적절한 내용과 표현이었는가?					
총 점							
특기사항							

※ 체크 요령 : 5. 아주 잘함 / 4. 잘함 / 3. 보통임 / 2. 미흡함 / 1. 아주 미흡함

※ 점수 : 5. 4점 / 4. 3점 / 3. 2점 / 2. 1점 / 1. 0점

※ 결과 : 당신의 점수는 100점 만점에 (   ) 점입니다.

참고 문헌

강주현 역, '티파니 테이블 매너', 소학사, 1994
강준만, '이미지와의 전쟁', 개마고원, 2000
강진주, '성공 이미지메이킹', 베스트셀러, 2000
국립민속박물관, '한국 상장례', 미진사, 1990
권영한, '사진으로 배우는 관혼상제', 전원문화사
김득중, '실천예절개론', 교문사, 1997
김상혁, '알기쉬운 관혼상제', 하서출판사 1991
김은영, '이미지메이킹', 김영사, 2000
김자경, '포크문화 젓가락문화', 자작나무, 1998
김종희, '다서(茶書)를 통해 본 차(茶)의 정신', 한국국제차문화학회, 2006
김창훈, '국제예절과 생활에티켓', 샘터, 2000
동아일보 1998.07.03.
동아일보 1998.07.30.
민경례, '멋과 매너', 대왕사, 1998
박시사, '대인관계기법', 백산출판사, 1999
박정현, '프랑스인들은 배꼽도 잘났다', 자작나무, 1998
박한조 외, '현대인과 국제 매너', 한올출판사, 2000
박한표 외, '현대인과 국제매너', 한올출판사, 1999
박한표, '글로벌문화와 매너', 한올출판사, 2005
박희창, '관홍상제와 그 뿌리', 동신출판사, 1996
베아트리스 호헤네거 저, 조미라 외 1명 역, '차의 세계사', 열린세상, 2012
송홍규, 안성근, '호텔연회기획', 백산출판사, 2011
쉐라톤워커힐호텔, '국제화 시대를 살아가는 현대인의 기본 에티켓', 1999
안대희, 박종철, '매너와 에티켓', 대왕사, 2001
여연스님, '우리가 정말 알아야 할 우리 차', 현암사, 2006
연합뉴스 1998.06.07.

원융희, '국제매너', 백산출판사, 1999
원융희, '매너는 아름답다', 일선출판사, 1997
유수희, '매너의 역사', 신서원, 1998
이광주, '동과 서의 차 이야기', 한길사, 2002
이선희 외, '글로벌시대의 국제매너와 에티켓', 한올출판사, 1999
이승출, '직장생활, 이렇게 일년만 해라', 유레카북스, 2006
이연정, '차 소비자의 라이프스타일 유형에 따른 소비특성에 관한 연구', 동의대학교, 2008
이원재 외, '뉴밀레니엄 국제매너', 학문사, 2000
이정우 외, '지구촌 생활 문화와 국제매너', 양서원, 2001
이형철, '글로벌에티켓 글로벌매너', 에디터, 1999
임채태, '전통 상례', 대원사, 1990
정경주, '한국 고전의례 상식', 신지서원, 2001
정몽화, '예절', 형설출판사, 1997
정병만, '다시보는 차 문화', 푸른길, 2012
정주영, '서비스 예절', 학문사, 2000
정한택, '최신심리학', 법경출판사, 1991
조선일보 2000.10.14.
중앙일보 2000.10.12.
최민홍, '한국 윤리사상사', 1990
한국여성교양학회, '생활예절', 양서원, 1992
허은아, '눈치코치 직장매너', 지식공작소, 2007
호텔신라교육원, '친절', 매너교실교재
호텔신라서비스교육센터, '현대인을 위한 국제매너', 김영사, 2000
Bride's Magazine Editors, 'Bride's Book of Etiquette 6th ed', Putnam, 1989
Buwei Yang Chao, 'How to Cook and Eat in Chinese', New York: Random House, 1972
Craig Claiborne, 'Elements of Etiquette: A Guide to Table Manners in an Imperfect World', New York: William Morrow & Compan, 1992
Daniel J.Boorstin, 'The Image:A Guide to Psendo-Events in America', New York:

Athe-neum, 1985

DuPont, M. Kay, 'Business Etiquette and Professionalism: Your Guide to Career Success', California: Crisp Publications, 1990

Edmund Jephcott, 'The Civilizing Process: The History of Manner', Basil Blackwell, 1978

Eleanor Roosevelt, 'Eleanor Roosevelt's Book of Common Sense Etiquette', New York: The Macmillan Company, 1962

Emily Post, 'Etiquette in Society, in Business, in Politics and at Home', New York: BARTLEBY.COM, 1999

Furet, F. 'La fourchette de Byzance', Le nouvel observateur, 1973

Gunn, M.K, 'A Guide to Academic Protocol', Columbia Univ. Press, 1989

Helmut Morsbach, 'The Simple Guide to Japan Customs & Etiqueete(3rd Ed)', 1997

Judith Martin, 'Miss Manners Guide for the Turn-of-the-Millennium', Fireside, 1990

Margaret Visser, 'The Rituals of Dinner: The Origins, Evolution. Eccentricities, and Meaning of Table Manners', New York: Penguin Books, 1991

Mary Mitchell, John, 'The Complete IDIOT's GUide to Etiquette', Alpha books, 1999

Olymlia Hotel Seoul, 'Olympia Service Renovation Guide'

Pearl Kong Chen, Tien Chi Chen, and Rose Tseng, 'Everything You Want to know about Chinese Cooking Woodbury', New York: Barron's Educational Series, 1995

Post, E.L, 'Emily Post Talks with Teens About Manners', HarperCollins, 1991

Post, E.L, 'Emily Post's Table Manners for Today', HarperCollins, 1994

Robb Satterwhite, 'What's What in Japanese Restauransts : A Guide to Ordeting Eating and Enjoying', 1996

Robert, H.M, 'Robert's Rules of Order', Berkeley, 1993

Rose V. White, 'Meal Time Etiquette', New York: Emily Post Institute, 1964

Sabath, Ann Marie, 'Business Etiquette in Brief: The Competitive Edge for Today's Professional', Massachusetts: Bob Adams, 1993

http://cafe.naver.com/social86 (사회복지과 대학생모임)

http://cybermodel.co.kr

http://mobydick.pknu.ac.kr/~drizzie/namo/kangsugu/kimhae.html

http://my.netian.com/~yeonah

http://www.cultureevpo.or.ke/organization/orgranzation03/html

http://www.cwd.go.kr

http://www.dgmbclife.com (대구MBC라이프)

http://www.etiquettecounts.com

http://www.etiqutteevpert.com

http://www.globalprotocol.com

http://www.hanboksarang.com

http://www.joins.com/news/2000/06/07/pol/200006071923251O2110.html

http://www.kwcu.co.kr

http://www.mannersinternational.com

http://www.mofat.go.kr

http://www.nclicktour.com/dair/air_kimpo_faciality.html

http://www.procotolonsultants.com/tipe.html

http://www.prtcyinst.com.au/index.html

http://www.servicedoctor.co.kr

http://www.ye365.or.kr

글로벌시대의 매너와 에티켓

인쇄 2018년 2월 23일
발행 2018년 2월 28일

공저자 안대희 · 박상민 · 문희정 · 신혜진 공저
발행인 임영철
발행처 도서출판 신화전산기획
주소 / 서울특별시 성동구 마조로 3나길 28
전화 / (02) 833-5145~6
팩스 / (02) 848-2498
등록 / 301-2010-034
홈페이지 / www.shj.co.kr

값 17,000원 ISBN 978-89-5534-218-8 93320